BRETT UND STEIN
VERLAG

Nakayama Noriyuki

ZAUBEREI AUF DER ERSTEN LINIE

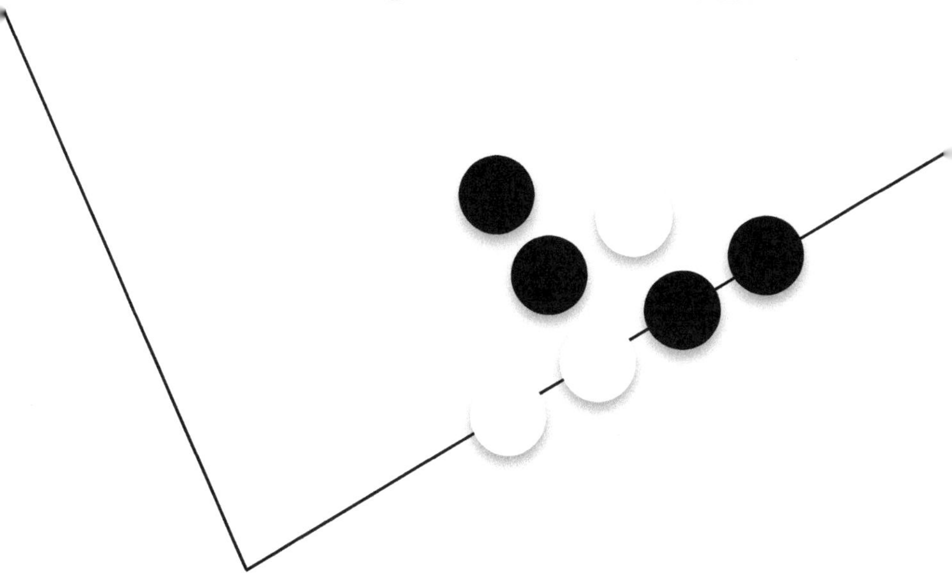

BRETT UND STEIN
VERLAG

Titel der japanischen Originalausgabe:
Bantan no kiseki – shoshinsha kara yūdansha e no tokkyū-ken

Bibliografische Information der Deutschen Nationalbibliothek
Die Deutsche Nationalbibliothek verzeichnet diese Publikation in der Deutschen Nationalbibliografie; detaillierte bibliografische Daten sind im Internet über http://dnb.dnb.de abrufbar.

ISBN 978-3-940563-66-8

Umschlaggestaltung: Lars Decker
Übersetzung: Peter Gebert
Druck: Books on Demand GmbH, Norderstedt

Die Diagramme in diesem Buch wurden erstellt mit SmartGo™: https://www.smartgo.com/de

Printed in Germany

Vorwort

Ich habe mich entschieden, diesem Buch den Titel *Zauberei auf der ersten Linie* zu geben. Zwar stehen uns beim Go-Spiel auf dem Spielbrett alle 361 Schnittpunkte zur Verfügung, aber in der Anfangsphase einer Partie spielen wir nicht auf der ersten Linie, also am Brettrand. Ab dem Mittelspiel und während des Endspiels jedoch finden sich nach und nach Steine auf der ersten Linie ein, und im Zuge dessen kann sich mancherlei wundersamer Vorfall ereignen. Zumindest kommt es mir hin und wieder so vor. Es gibt natürlich keinen Magier, der im Brettrand wohnt und ihn mit Zaubersprüchen verhext. Aber auch wenn man nicht an derlei glaubt, so geschehen da doch scheinbar unerklärliche, zutiefst mysteriöse Dinge; es gibt mehr als nur ein paar Beispiele von berühmten Spielern in der Geschichte des Go, denen vor Verblüffung ein Aufschrei entfuhr.

Wir werden uns in diesem Buch allerdings mit nicht ganz so schwierigen Problemen beschäftigen. Wir werden recht elementare Taktiken auf der ersten Linie behandeln, die einem irgendwann Verluste bescheren werden, wenn man mit ihnen nicht vertraut ist. Wir werden also sozusagen Zauberlehrlinge am Brettrand sein. Auf solchem Niveau Bescheid zu wissen oder nicht kann bereits einen großen Unterschied ausmachen. Ich schätze, deine Siegrate dürfte ein ganzes Stück nach oben gehen.

Nakayama Noriyuki, Frühjahr 1999

Der deutsche Text beruht grundsätzlich auf der englischen Fassung von Robert McGuigan. Kazumi von Egidy danke ich herzlich für ihre freundliche Hilfe bei der Klärung von Zweifelsfällen und anderer Fragen anhand des japanischen Originals.

Peter Gebert, Frühjahr 2020

Inhalt

Vom Rätselhaften zum Selbstverständlichen

Wenn du die neunzig Aufgaben in diesem Buch meisterst, kannst du es vom 15 Kyū bis zum Shodan schaffen.

Zauberei, was ist das eigentlich? So ungefähr war mir die Bedeutung klar, aber um Genaueres zu erfahren, habe ich in dem bekannten *Kōjien*-Wörterbuch nachgeschlagen. Dort war die Rede von einem "rätselhaften oder wundersamen Ereignis, das dem allgemeinen Verstand zuwiderläuft".

Es tauchen in der Tat auf dem Brett Züge auf, bei denen wir nicht das Gefühl haben, sie entsprächen dem allgemeinen Verstand. Sogar wir selbst spielen zuweilen Züge, die das allgemeine Verständnis unserer Gegner überflügeln und bei denen sie vor Verblüffung nach Luft schnappen. Und ganz selten bringen wir einen Zug zustande, der uns unfassbar raffiniert erscheint. Mir kommt es in solchen Momenten vor, als hätte ich selbst gezaubert. Besonders dann, wenn man das Spiel gerade erst erlernt hat, erscheint einem Rätselhaftes immer wieder wie Zauberei; Dinge, die heute ganz selbstverständlich erscheinen, waren am Anfang Wunder.

Betrachten wir nun also Diagramm 1. Schwarz ist am Zug. Wo würdest du spielen?

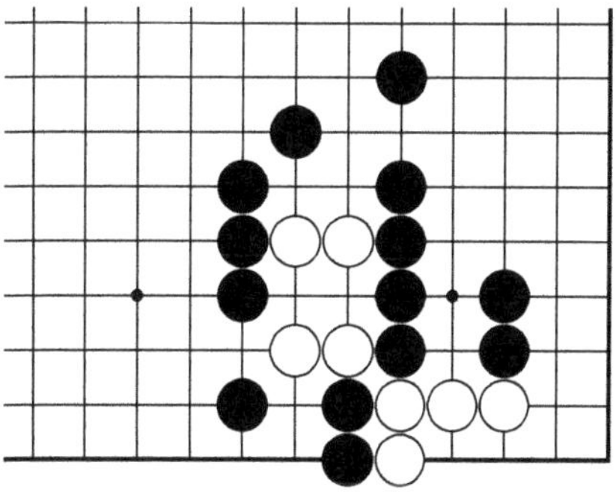

Diagramm 1

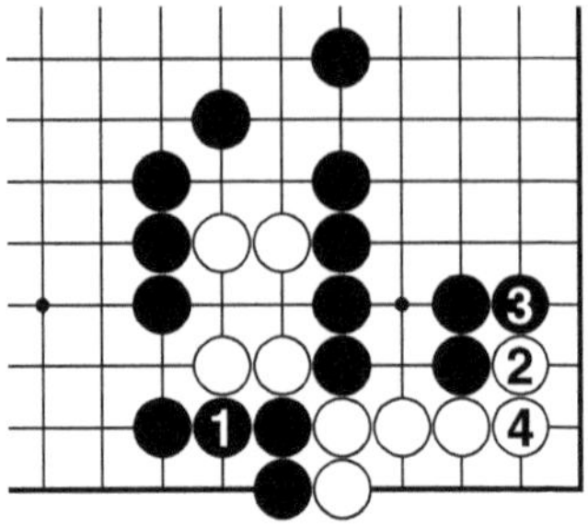

Diagramm 2

In so einer Stellung würden wohl zehn von zehn Spielern Schwarz 1 in Diagramm 1 spielen. Wäre dagegen Weiß am Zug, würde ein Zug auf Schwarz 1 zwei schwarze Steine fangen und ein Auge machen. Fangen wäre an sich bereits gut für Weiß, dazu bleiben für Weiß danach noch Möglichkeiten, nach links durchzubrechen.

So ziemlich alle, die in etwa das Niveau von 10 Kyū erreicht haben, können das nachvollziehen. Auf einer ganz bestimmten Stufe würde man praktisch keine Zeit darauf verwenden, Schwarz 1 zu spielen.

Jemand, der ein oder zwei Minuten nachdenkt, und dann Schwarz 1 spielt, hat keinen guten Sinn für Go. Mit anderen Worten, Schwarz 1 zu spielen wäre auch für mich eine Selbstverständlichkeit. Danach würde Weiß mit 2 Hane spielen, und wenn dann Schwarz 3 spielt, lebt Weiß mit 4. Eine ganz normale Zugfolge. Kurz gesagt, sie versteht sich von selbst.

Wenn Schwarz bei diesem Spielverlauf ohne Not gewinnt, dann geht das so in Ordnung. Zauberei gab es hier allerdings keine. Schwarz hat in Wahrheit einen großen Fehler begangen. Wer diffuse Zweifel am Spiel von Schwarz hatte, mag durchaus ein hoher Dan-Spieler sein, oder vielleicht ein regionaler Meister. Es dreht sich hier aber keineswegs um etwas besonders Schwieriges. Auch Spieler auf dem Niveau von 10 Kyū oder schwächer begreifen, wenn sie die Erklärung lesen, sofort. Man behauptet nicht zu viel, wenn man sagt, dass es sich bei dieser Aufgabe um eine Frage des Gewahrseins handelt.

Schwarz muss das Hane auf 1 in Diagramm 3 spielen. Warum? Die Antwort lautet, dass Schwarz auf diese Weise alle weißen Steine töten kann. Die so selbstverständlichen Züge in den vorigen Diagrammen hinterlassen den Eindruck, Schwarz habe die Absicht, nicht zu gierig zu sein, sondern sich stattdessen damit zu begnügen, die oberen weißen Steine in Vorhand zu fangen.

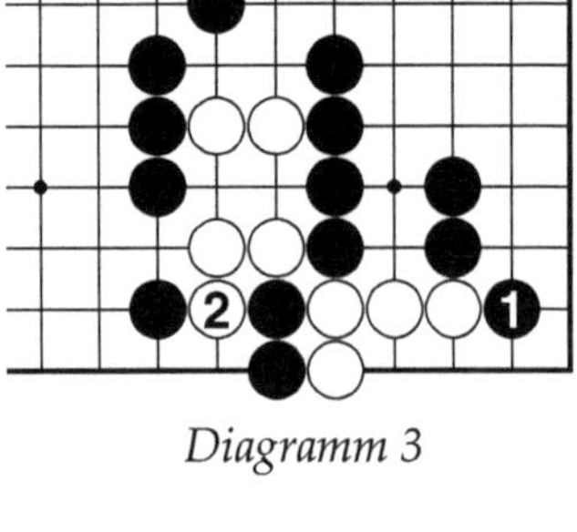

Diagramm 3

Weiß antwortet natürlich mit 2. Nun, was würdest jetzt tun?

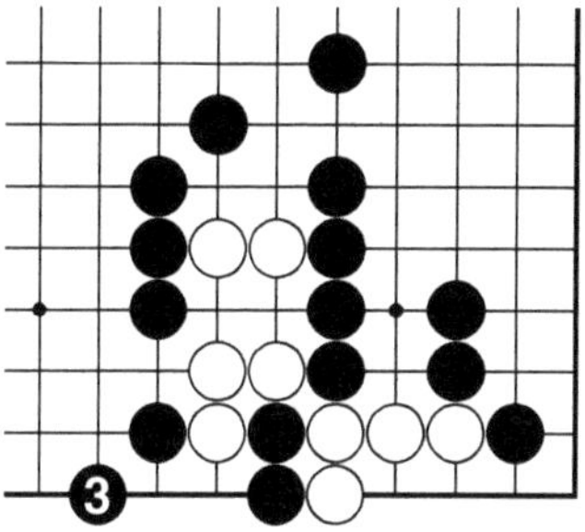

Diagramm 4

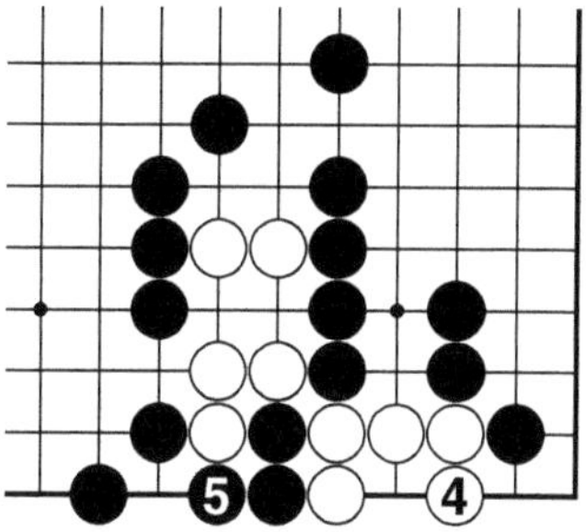

Diagramm 5

Schwarz 3 in Diagramm 4 versetzt den entscheidenden Schlag – ein Fall von Zauberei am Brettrand. Mit diesem Zug ist eine Gruppe, von der man nach allgemeinem Verständnis nicht erwartet hätte, dass sie komplett stirbt, auf einmal tot. Ich finde, hier haben wir ein Beispiel vor uns für die überwältigende Macht eines Tesuji.

Spielt Weiß 4 in Diagramm 5, zieht Schwarz mit 5 hinaus. Wenn Weiß nun die drei schwarzen Steine fängt, schlägt Schwarz den einen Stein zurück, und die weiße Gruppe kann nur ein Auge machen. Wenn ich es mir recht besehe, dann könnte man wohl auch von 5 behaupten, dass er ein magischer Zug am Brettrand sei.

Nun sind für Profis und hohe Dan-Spieler Schwarz 3 und der Rest sicherlich keine Zauberei. Ich nehme an, für jene wäre dieser Zug selbstverständlich. Wie dem auch sei – meine Hoffnung ist, dass auch du dahin gelangen wirst.

Vielleicht ist es für manche Leser nicht klar, dass nach Schwarz 3 in Diagramm 4 Weiß tot ist. Es gibt eine ganze Reihe von Dingen, die Weiß versuchen könnte.

Wenn Weiß zum Beispiel 4 in Diagramm 5 auf 1 spielt, antwortet Schwarz mit 4 und 6! Wenn du in der Lage bist, den Ablauf bis 12 in Diagramm 6 durchzuführen, dann bist du recht schlau.

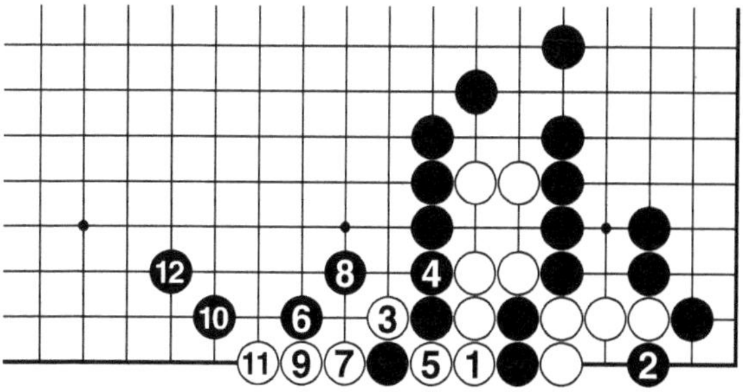

Diagramm 6

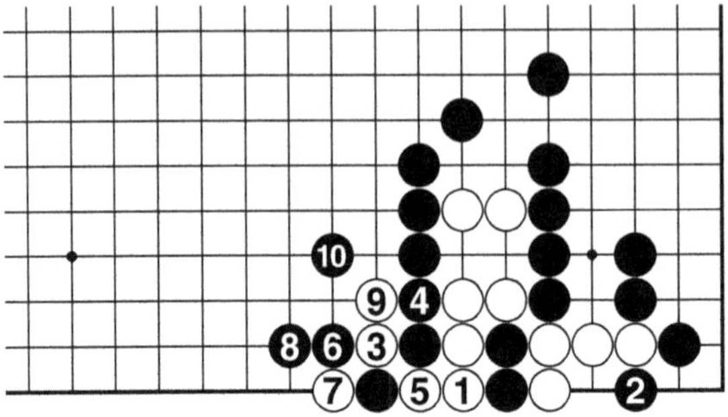

Diagramm 7

Die Zugfolge mit Schwarz 6, 8 und 10 in Diagramm 7 ist allerdings auch sehr gut. Wie du wohl sehen kannst, ist eine gewisse Spielstärke vonnöten, um die "Magie" von Schwarz 1 auch umzusetzen. Spieler auf dem Niveau von 10 oder 15 Kyū machen viele Fehler, selbst bei elementaren Techniken wie Schwarz 10 in Diagramm 6 oder Schwarz 8 in Diagramm 7.

In diesem Fall fehlt es an Grundlagen für das Vorgehen am Brettrand, also werde ich mich zunächst einmal in den Anfänger hineinversetzen und unsere Studien mit Material beginnen, das für dessen Niveau geeignet ist.

Zauberei für Anfänger
(15 Kyū bis 5 Kyū)

1

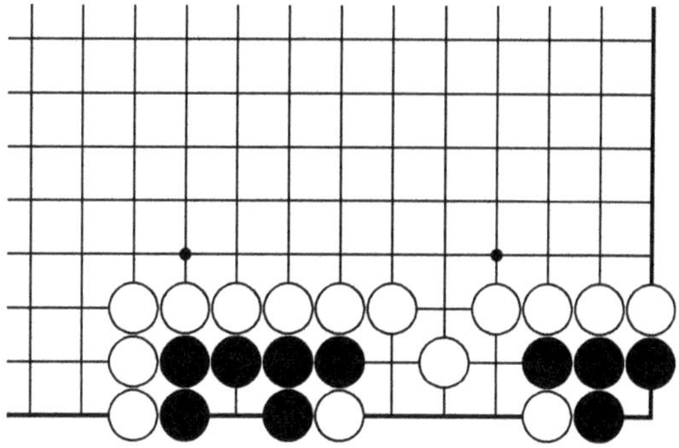

Die vier schwarzen Steine rechts unten und die sechs schwarzen Steine in der Mitte der unteren Seite sehen tot aus. Schwarz ist am Zug – die Aufgabe ist also, was kann Schwarz tun? Kommen beide Teile zum Leben, dann darf man das wohl als ein sehr gutes Ergebnis bezeichnen.

2

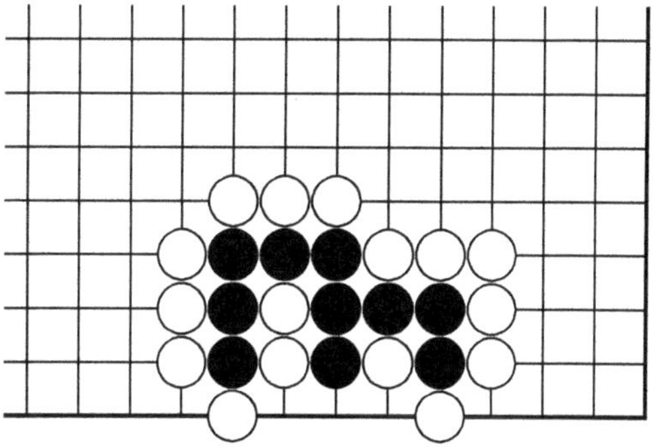

Wir wollen, dass die zehn schwarzen Steine leben. Soll Schwarz zwei Steine schlagen? Oder einen? Wenn du durchgerechnet hast, dass weder das eine noch das andere Schlagen zum Leben führt, musst du überlegen, ob eine andere Taktik möglich ist.

Antwort 1: Ein Zug verbindet

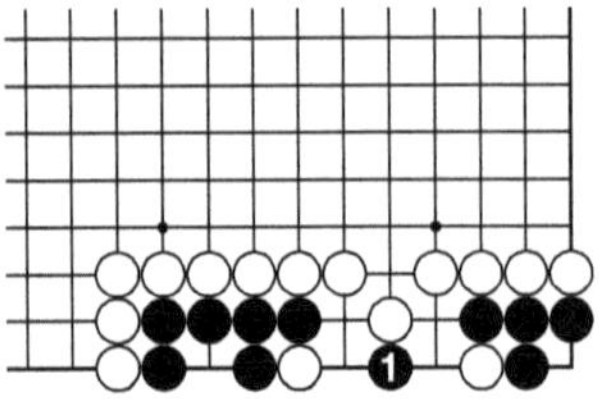

Lösung: Mit Schwarz 1 am Brettrand verbindet Schwarz auf einen Schlag seine Steine. Egal was Weiß tut, er kann die schwarzen Gruppen nicht trennen. Schwarz hat links ein Auge und eines rechts, und lebt auf sehr geschickte Weise.

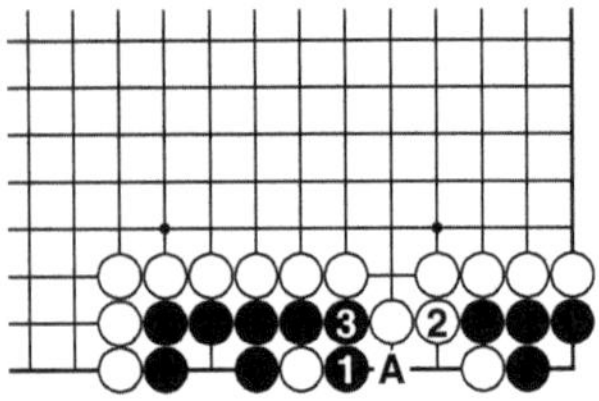

Fehler: Auch Schwarz 1 liegt auf der ersten Linie, aber diesmal sind nach Weiß 2 die schwarzen Steine auf der rechten Seite gefangen. Spielt Weiß 2 an der Stelle von Schwarz 3, dann rettet Schwarz seine Steine, wie du überprüfen kannst, mit einem Zug auf A. Spielt Weiß 2 auf A und versucht in größerem Rahmen zu fangen, würde Schwarz auf 3 mit der linken Gruppe leben und dann ein Zug von Schwarz auf Weiß 2 die rechte Gruppe zum Leben bringen, also müsste Weiß in diesem Fall noch einmal ziehen.

Antwort 2: Zwei Fliegen mit einer Klappe

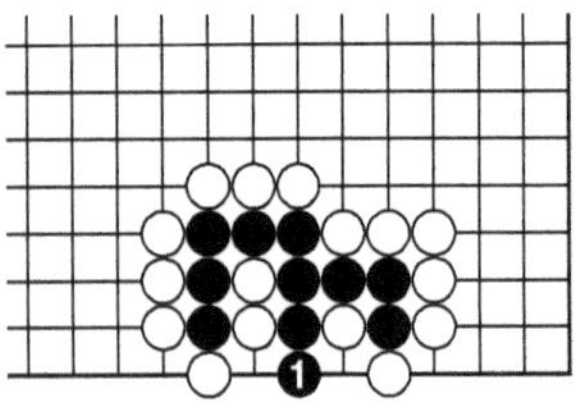

Lösung: Schwarz 1, auf der ersten Linie, ist ein wichtiger Zug. Wenn du genau hinschaust, dann erkennst du, dass er gleichzeitig links und rechts weiße Steine fängt. Er schlägt zwei Fliegen mit einer Klappe, oder besser, macht auf einen Schlag zwei Augen.

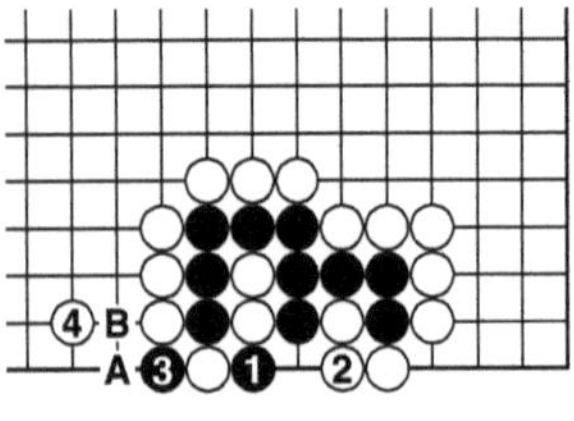

Fehler: Wenn du mit Schwarz 1 zwei weiße Steine schlagen würdest, dann wärst du etwas voreilig. Nach Weiß 2 hat Schwarz nur ein Auge. Weiß 4 ist eine natürliche Antwort auf Schwarz 3. Spielt Weiß gedankenlos und setzt stattdessen auf A fort, kann Schwarz auf B schneiden und ein Kō erzeugen. Hat Weiß jedoch vor, alle schwarzen Steine zu fangen, dann ist es nicht gut, dieses Kō zuzulassen. Weiß B statt 4 wäre dagegen in Ordnung.

3

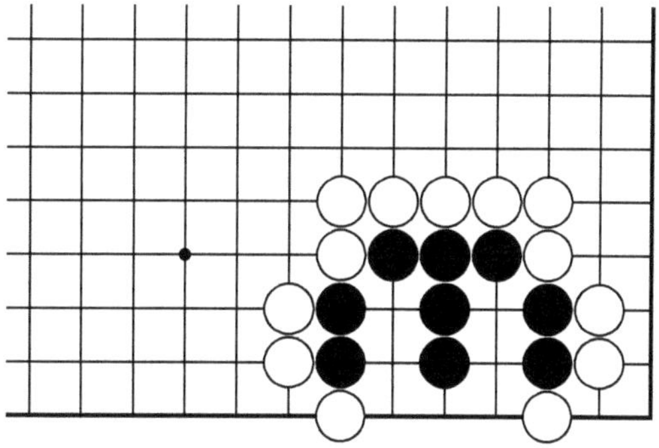

Verhilf den neun schwarzen Steinen zum Leben.

Weiß kann entweder links ein Auge stehlen oder rechts ein Auge stehlen, darum muss Schwarz einen geschickten Zug finden, um zu leben.

4

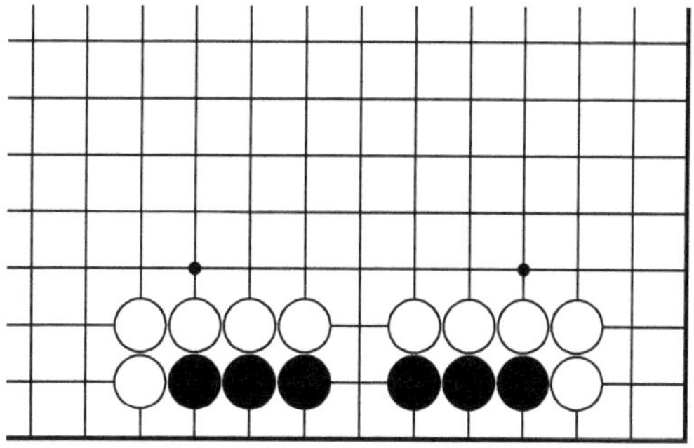

Die sechs schwarzen Steine sehen aus wie ein Aalbett (ein traditionelles Holzhaus mit einer nur schmalen Straßenfront, das sich jedoch tief in den Block hinein streckt), aber gibt es einen Zug, mit dem sie leben? Bei einer Reihe von Steinen auf der zweiten Linie findet das Sprichwort Anwendung, demzufolge sechs sterben und acht leben, aber was geschieht bei sieben?

Antwort 3: Gleiches Handwerk, anderer Stil

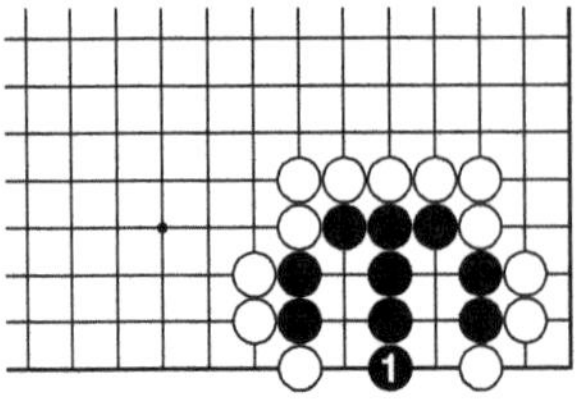

Lösung: Schwarz 1 am Rand des Bretts ist in dieser Situation ein schönes Tesuji. Dieser eine Zug sichert beide Augen, sowohl links als auch rechts. Wenn Weiß Atari spielt um ein Auge zu stehlen, kann Weiß, nachdem Schwarz verbindet, seinen Stein wegen Schwarz 1 nicht retten. Kein anderer Zug bringt die schwarzen Steine zum Leben. Wenn zum Beispiel …

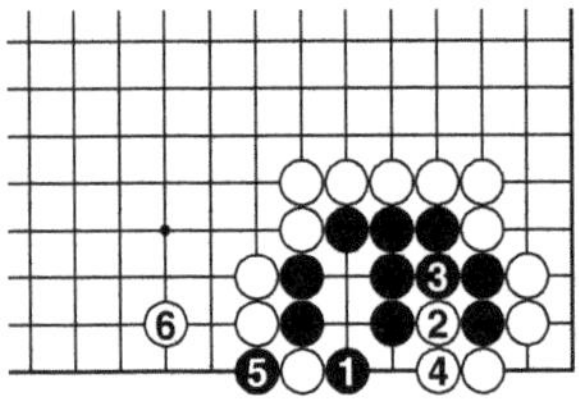

Fehler: … Schwarz versucht, mit einem Zug auf 1 zu leben, hat Schwarz nach Weiß 2 und 4 ein Auge verloren. Selbst wenn Schwarz mit 5 einen Stein schlägt, ist das nach Weiß 6 nutzlos. Wenn du genau hinschaust, erkennst du, dass diese Aufgabe und Aufgabe 2 dieselbe Taktik zum Einsatz bringen.

Antwort 4: Symmetrische Form

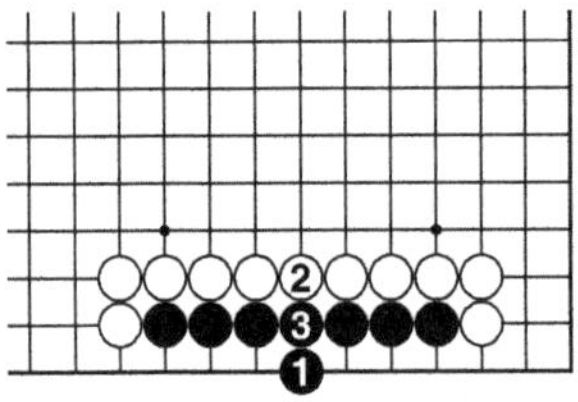

Lösung: Sich mit Schwarz 1 in der Mitte zu senken ist hier ein guter Zug. Nach Weiß 2 und Schwarz 3 hat Schwarz ein Auge links und eines rechts.

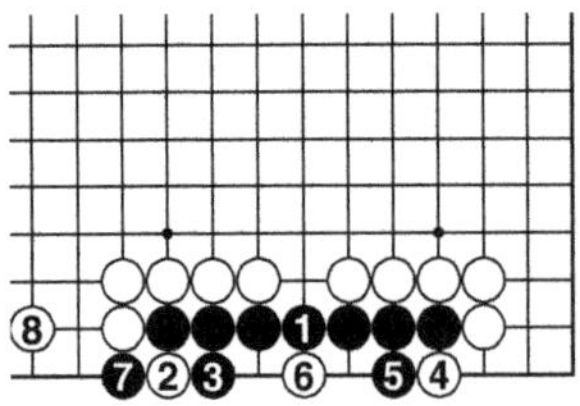

Fehler: Mit Schwarz 1 zu verbinden ist ein Zug, der ganz normal aussieht, sich hier jedoch nicht dafür eignet, Leben zu schaffen. Zu bedenken ist der Angriff von außen mit Weiß 2 und 4, wonach die Platzierung von Weiß 6 in der Mitte des dreipunktigen Augenraums eine tote Form erzeugt. Wäre Schwarz am Zug und Schwarz 1 bereits vorhanden, dann könnte Schwarz leben, indem er 4 oder 6 anstelle von Weiß 2 spielt, wobei die Stellen von Weiß 2 und 4 gewöhnlich vorzuziehen sind. Bei sieben in einer Reihe auf der zweiten Linie hängt das Ergebnis davon ab, wer am Zug ist.

5

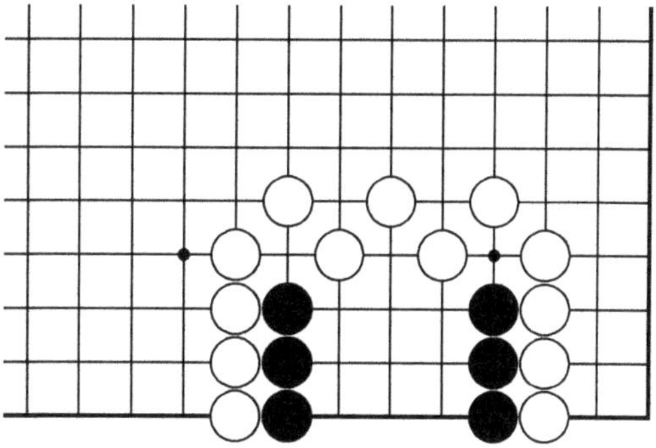

Die schwarzen Steine wirken wie zwei einzeln stehende tote Bäume. Jedoch erweisen sich diese sechs Steine als überraschend robust. Vielleicht ist dir eine Aufgabe dieser Art schon einmal begegnet. Hier lässt sich ein Sprichwort anwenden. Und zwar: "Bei einer symmetrischen Form gibt es einen Zug in der Mitte". Hier ist es Zauberei auf der ersten Linie.

6

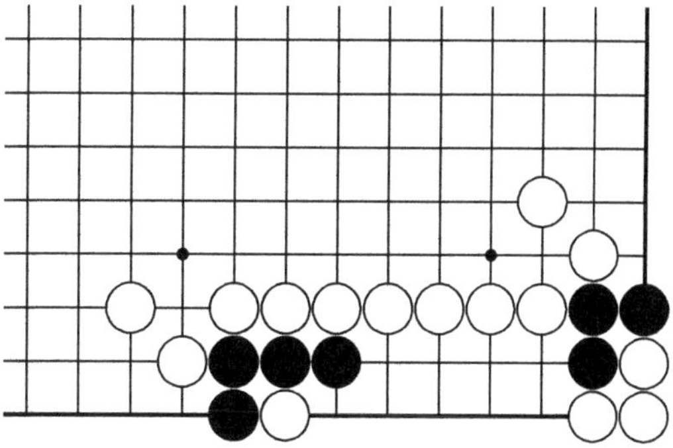

Die schwarzen Steine links und rechts sehen nun wirklich so aus, als seien sie voneinander getrennt! Was kann man da bloß tun?

Je nachdem wie man hier spielt, können beide Seiten sterben, eine Hälfte leben, aber vielleicht auch beide Seiten leben. Wie dem auch sei, man kommt nicht umhin, sich eines Wunders am Brettrand zu bemühen.

Antwort 5: Seki ist Leben

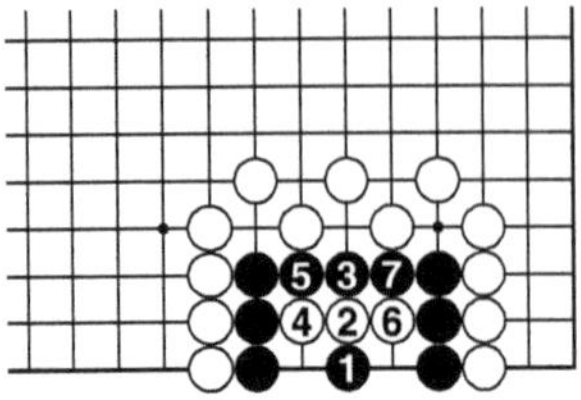

Lösung: Schwarz 1 am Brettrand ist der vitale Punkt. Weiß 2 ist unangenehm, aber Schwarz hat noch den Klemmzug auf 3, und nach den Zügen bis Schwarz 7 wird deutlich, dass sich ein Seki ergibt. Es gibt in einem Seki nach japanischen Regeln zwar kein Gebiet, aber die Steine können nicht gefangen werden, also leben sie.

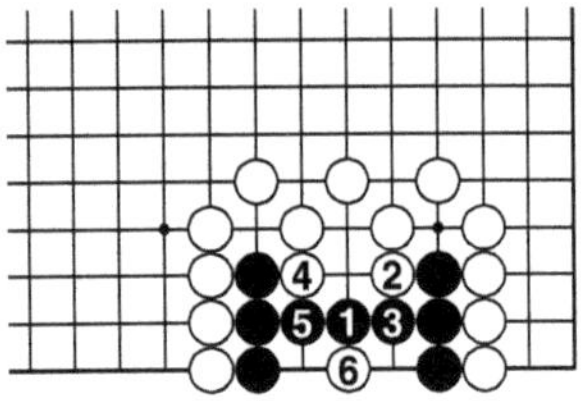

Fehler: Schwarz 1 in der Mitte könnte eine Stelle sein, an der du spielen willst, aber Weiß 2 und 4 machen den Raum für Schwarz eng und mit Weiß 6 sind die schwarzen Steine erledigt.

Antwort 6: Ein Sprung über acht Schiffe

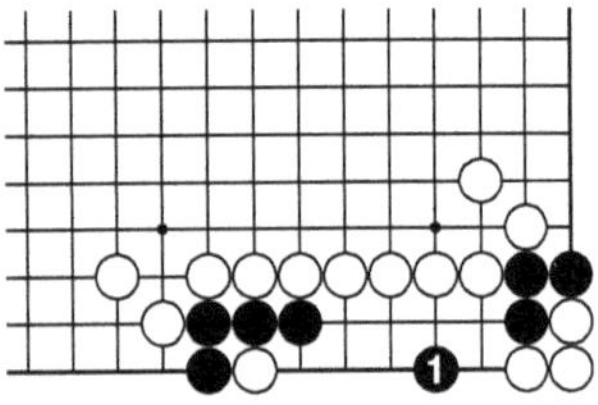

Lösung: Ich schätze, du wirst Schwarz 1 als ziemlich geschickten Zug erkennen, vielleicht sogar als Zauberei auf der ersten Linie. Ganz gleich was Weiß versucht, er kann die linken und rechten schwarzen Steine nicht voneinander trennen, also lebt Schwarz.

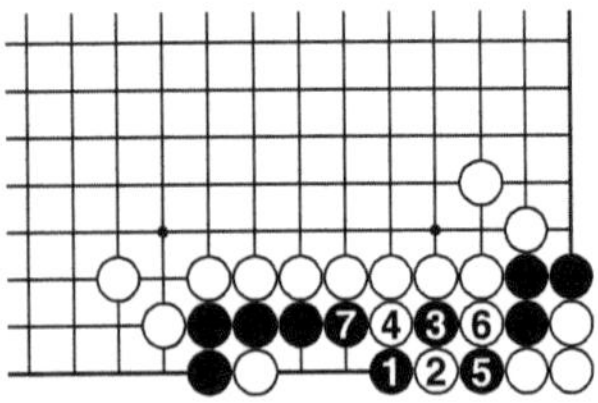

8 auf 2

Der Legende nach sprang der große alte Krieger General Yoshitsune während einer Schlacht über acht Schiffe, also merke dir, dass selbst so weit entfernte Steine wie diese hier sich mit einem Zug auf der ersten Linie verbinden lassen.

Fehler: Zwar liegt auch hier Schwarz 1 auf der ersten Linie, nur einen Punkt links vom korrekten Zug, aber dieser Zug ist ganz schlecht. Weiß spielt 2 auf dem vitalen Punkt, und mit den Zügen bis Weiß 8 entsteht ein Kō. Man sagt oft, der Punkt neben dem korrekten Zug sei nicht notwendigerweise ein 99-prozentiger Zug, er könne auch ein 0-prozentiger Zug sein – also Vorsicht.

7

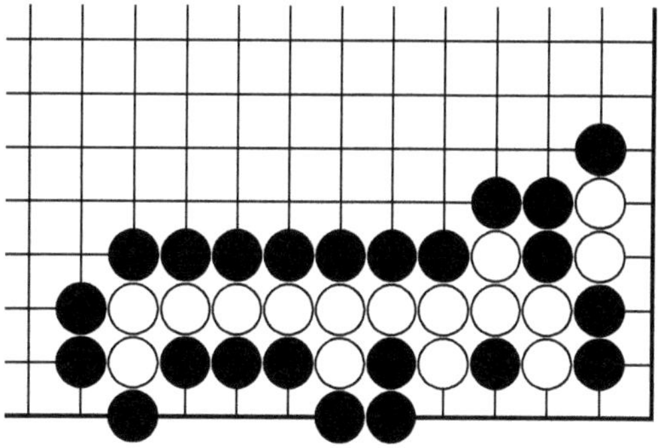

Hier sieht es danach aus, als ließen sich die schwarzen Steine durch Einwürfe und Oiotoshi (Verbinden-und-sterben) angreifen. Wie man es dreht und wendet, scheinen die weißen Steine davor sicher, gefangen zu werden. Du musst dir also etwas einfallen lassen.

8

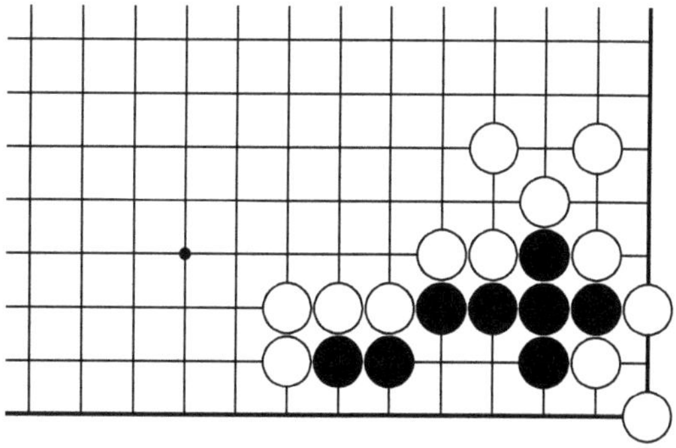

Es scheint als habe Schwarz nicht genug Platz, um zwei Augen zu machen. Weiß hat jedoch auch eine Schwachstelle. Überlege, wie du sie dir zunutze machen kannst.

Antwort 7: Oiotoshi schlägt fehl

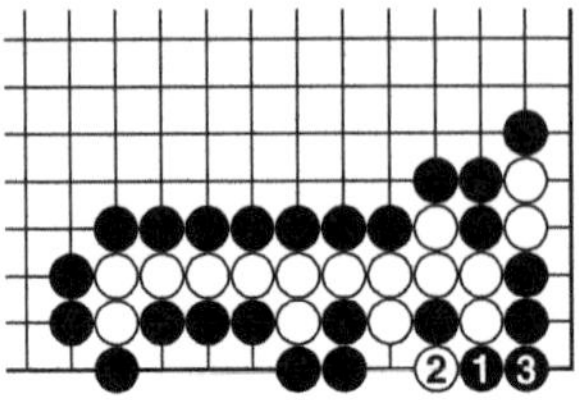

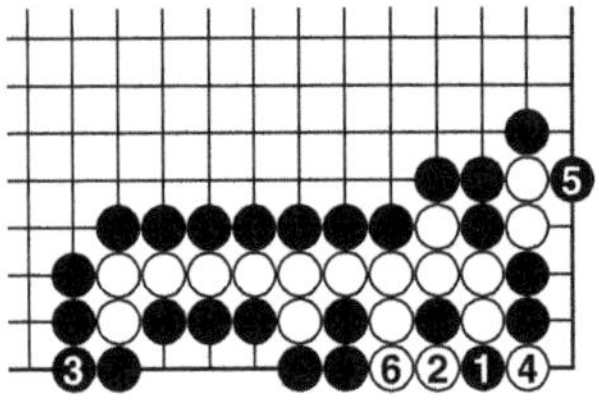

Lösung: Nach dem Hane von Schwarz 1 und dem weißen Schlagen eines Steins mit 2 kann Schwarz auf 3 ganz gelassen verbinden. Das Oiotoshi, auf das Weiß es abgesehen hatte, funktioniert nun nicht mehr, da Weiß am Punkt links von Weiß 2 nicht spielen kann. Die weißen Steine sind natürlich tot.

Fehler: Schwarz spielt gewissenhaft den korrekten Zug auf 1, verbindet dann jedoch mit 3 an der falschen Stelle und scheitert. Nach dem Zwingzug auf Weiß 4 bringt Weiß 6 die Taktik des Oiotoshi zum Einsatz.

Antwort 8: Ein Zwingzug

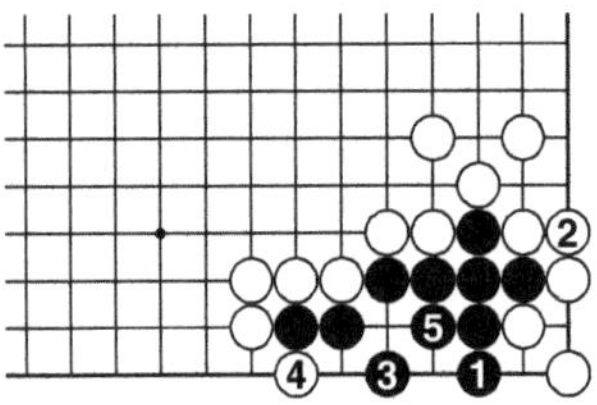

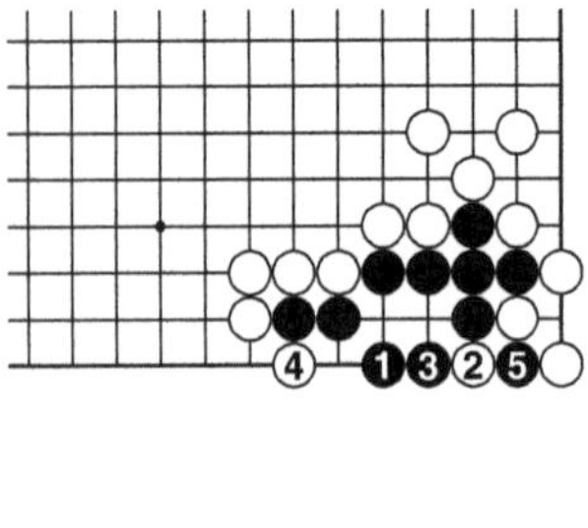

Lösung: Als Erstes steigt Schwarz mit 1 hinab auf die erste Linie und droht mit Oiotoshi zwei Steine zu fangen. Wenn Weiß auf diese Drohung mit der Verbindung auf 2 reagiert, spielt Schwarz mit 3 erneut auf der ersten Linie. Auf so engem Raum behaglich zu leben macht Freude.

Fehler: Zuerst Schwarz 1 zu spielen geht in der Zugreihenfolge fehl. Weiß kann mit 2 zwingen, und dann muss Schwarz ein Kō gewinnen, um zu leben. Man bemerke, dass sowohl Schwarz 1 im Lösungsdiagramm als auch Weiß 2 in diesem Diagramm auf dem vitalen Punkt liegen.

9

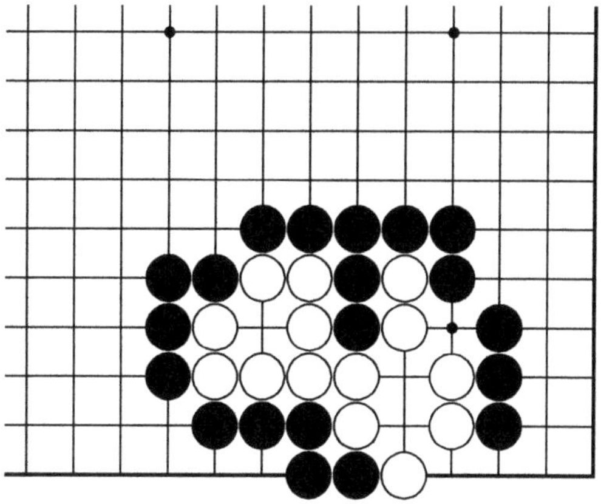

Ich vermute, in einer laufenden Partie würde hier niemand versuchen zu fangen, in der Annahme, Weiß habe zwei Augen. Im letzten Abschnitt einer Partie, in der Phase kleiner Endspielzüge, mag einem jedoch irgendwie auffallen, dass sich diese weißen Steine töten lassen.

10

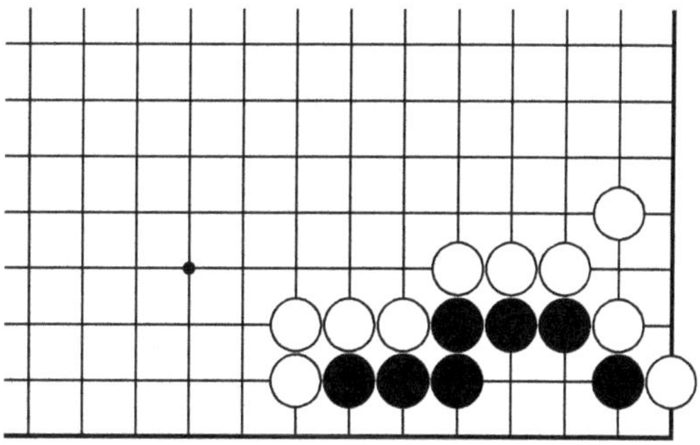

Diesen schwarzen Steinen zum Leben zu verhelfen sieht einfach aus, aber man macht schnell einmal einen Fehler. Finde den Zug am entscheidenden Punkt, um ohne Vorbehalt zu leben.

Antwort 9: Wie von selbst erloschen

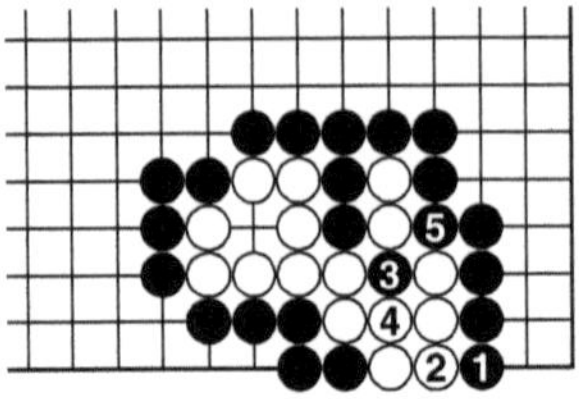

Lösung: Sobald Schwarz auf 1 hinabsteigt, stirbt Weiß, egal wie er spielt. Weiß erlischt dabei wie von selbst. Spielt Weiß auf 2, dann vernichtet Schwarz 3 das untere weiße Auge, aufgrund von Mangel an Freiheiten bei Weiß. Spielt Weiß anstatt auf 2 an der Stelle von Schwarz 5, ruiniert wiederum ein schwarzer Zug an der Stelle von Weiß 4 das Auge durch Mangel an Freiheiten.

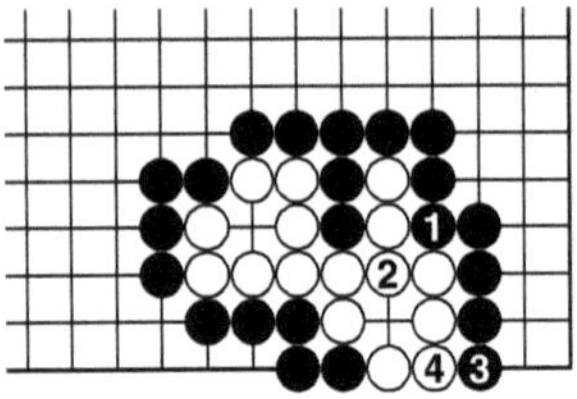

Fehler: In einer echten Partie kommt es häufig vor, dass Schwarz in aller Ruhe auf 1 Atari spielt und dann den Endspielzug auf 3. Auf diese Weise geschieht gar nichts.

Wollen wir so etwas Friedfertigkeit nennen oder Unvermögen?

Antwort 10: Zwei sichere Augen

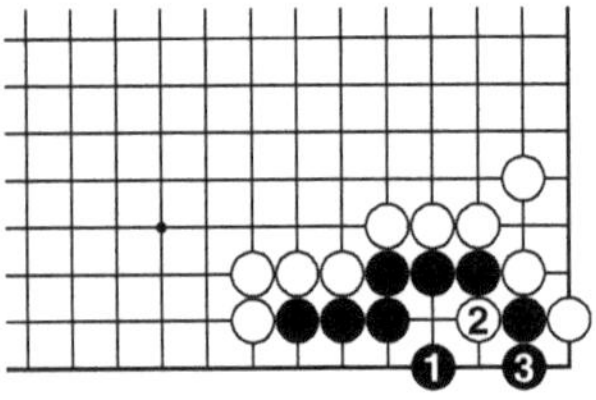

Lösung: Schwarz 1 ist der entscheidende Punkt für Augenform. Schwarz hat eindeutig zwei Augen. Auch wenn Weiß als nächstes auf 2 spielt, kann Schwarz nach 3 nichts passieren.

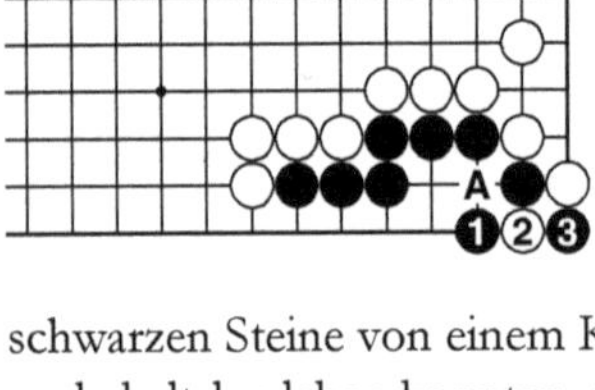

Fehler: Schwarz 1 hier sieht gut aus, aber der weiße Einwurf auf 2 ist ein starker Zug. Wenn Schwarz auf A verbindet sind seine Steine ohne Wenn und Aber tot, deshalb ist Schwarz 3 der einzige Zug. Jetzt hängen Leben oder Tod der schwarzen Steine von einem Kō ab. Da die schwarzen Steine auch vorbehaltslos leben konnten, gilt für uns dieses Kō als Fehler.

11

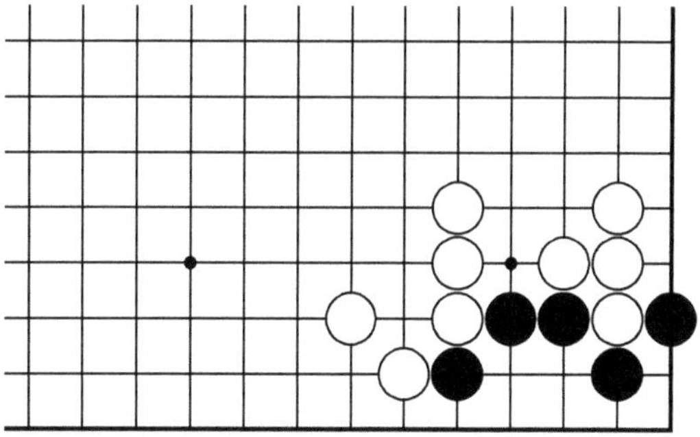

Das ist eine Form, die möglicherweise häufig in echten Partien auftaucht. Hier geht es darum, dass Schwarz ohne Vorbehalt leben soll. Je nach dem wie Schwarz spielt kann es auf ein Kō oder gar eine tote Gruppe hinauslaufen, also muss man mit Bedacht zu Werk gehen.

12

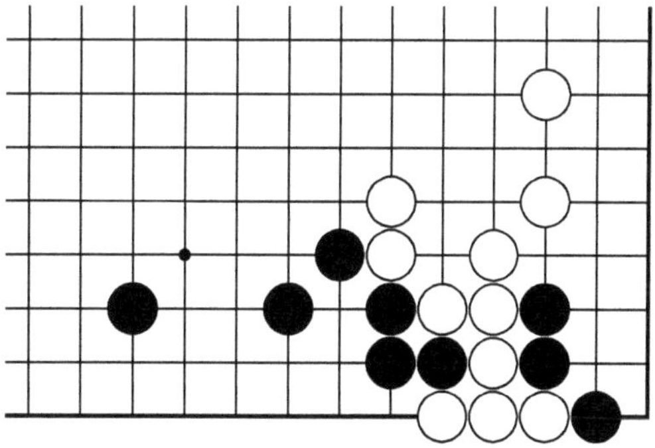

Auch diese Aufgabe zeigt eine Form, die in echten Partien vorkommt. Die drei schwarzen Steine in der rechten unteren Ecke sollen leben.

Antwort 11: Der vitale Punkt für Augenform

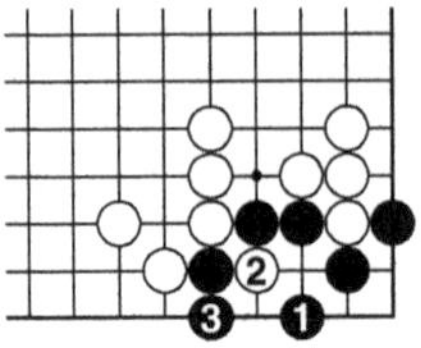

Lösung: Schwarz 1 ist der vitale Punkt für Augenform. Schwarz hat ein Auge links und eines rechts davon. Spielt Weiß auf 2 ist nach Schwarz 3 alles in Butter. Wie wir sehen ist die Methode von Schwarz bei dieser Aufgabe die gleiche wie bei der vorhergehenden.

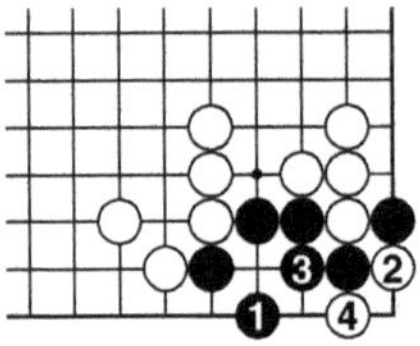

Fehler 1: Schwarz 1 ist ein recht ordentlicher Zug, aber wenn Weiß dann auf 2 einwirft und Schwarz mit 3 sich bemüht, zu verbinden, dann ist Weiß 4 ein guter Zug, der ein Kō erzeugt. Beide Parteien sind für Schwarz 3 und für Weiß 4 zu loben, aber wegen des Kō ist Schwarz 1 ein Fehler.

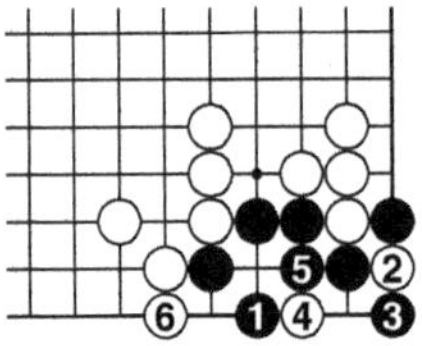

Fehler 2: Hier handelt es sich um eine Variation der Zugfolge im Diagramm von Fehler 1. Nach Weiß 2 ist es normal, mit 3 zu schlagen, aber dann spielt Weiß geschickt auf 4, und die schwarzen Steine sterben.

Antwort 12: Der 1-2-Punkt ist der vitale Punkt

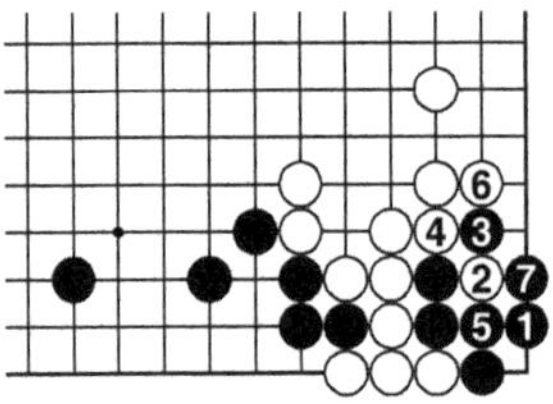

Lösung: "Auf dem 1-2-Punkt geschehen seltsame Dinge" lautet ein bekanntes Sprichwort. In diesem Fall bildet Schwarz mit 1 auf dem 1-2-Punkt bequem Augen. Weiß 2 setzt Schwarz scharf nach, aber nach 3 ist Schwarz in Sicherheit. Schwarz lebt gemütlich in der Ecke.

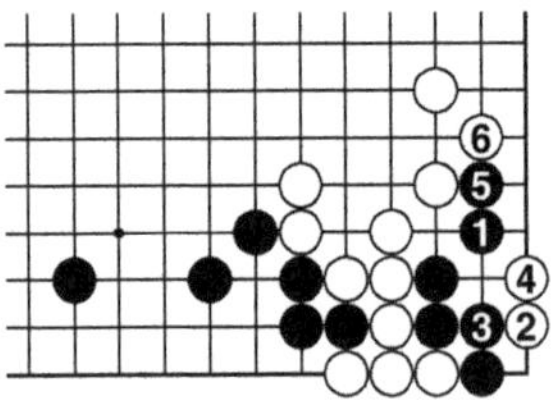

Fehler: Mit Schwarz 1 den Raum zu erweitern ist keine gute Idee. Nach Weiß 2 auf dem vitalen 1-2-Punkt sind die schwarzen Steine tot.

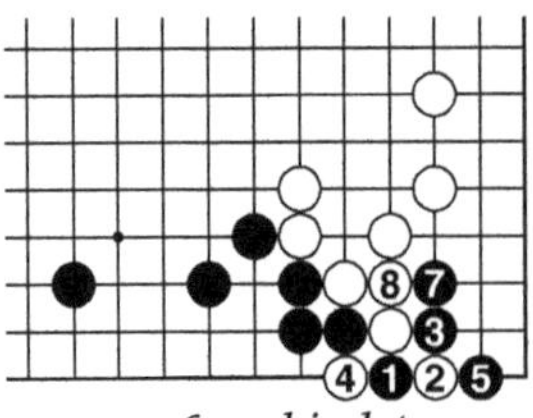

6 verbindet

Entstehung von Aufgabe 12: Die Stellung in dieser Aufgabe kann sich aus den Zügen in diesem Diagramm ergeben. Wenn Weiß das nicht zusagt, kann er ein wenig nachgeben und Weiß 2 auf dem Punkt von Schwarz 3 spielen.

13

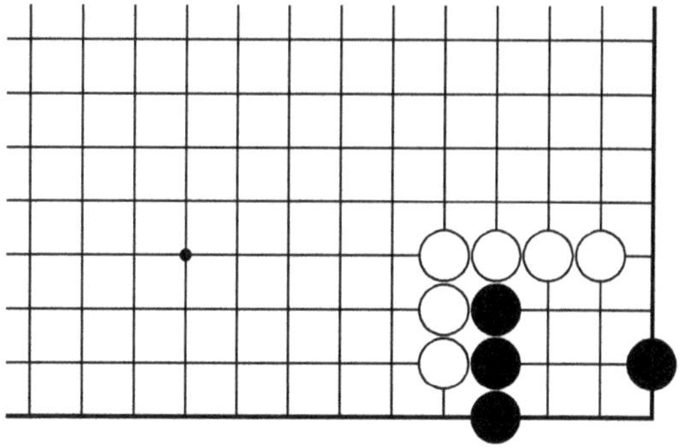

Die schwarze Stellung in der Ecke ist arg klein, aber man braucht sie noch nicht aufzugeben. Das Tesuji ist ein grundlegendes in der Lehre von Leben und Tod.

14

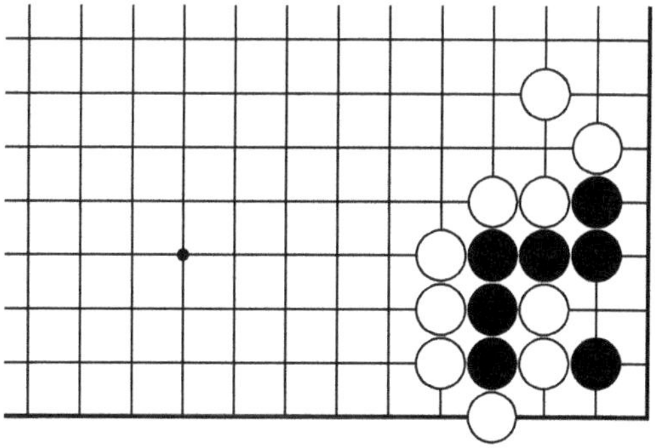

Die sieben schwarzen Steine sollen leben. Das scheint einfach genug, aber man macht auch leicht einen Fehler.

Antwort 13: Genau da

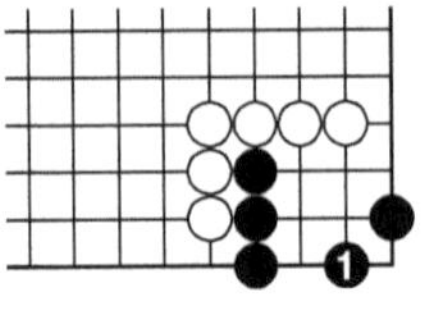

Lösung: Schwarz 1 ist es. Ganz wie das Sprichwort sagt, gibt es einen guten Zug auf dem 1-2-Punkt. Das ist der einzige Zug, um zu leben. Mit einem Zug hat man sofort zwei Augen.

Wenn man eine Leben-und-Tod-Aufgabe in der Ecke vor sich hat, ist es eine gute Idee, als erstes einen Zug auf dem 1-2- oder 2-1-Punkt in Betracht zu ziehen.

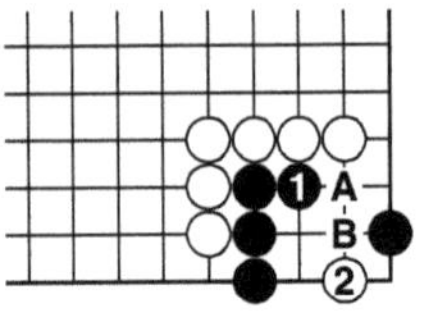

Fehler: Den Raum mit einem Zug wie Schwarz 1 zu vergrößern ist manchmal ein Tesuji, aber wenn Weiß mit 2 auf dem vitalen Punkt spielt, ist es gelaufen. Wenn Weiß nicht auf 2 spielt sondern stattdessen auf A, dann lebt Schwarz mit einem Zug auf B, aber dann hat Weiß Schwarz dabei geholfen, zu leben …

Antwort 14: Entspannt

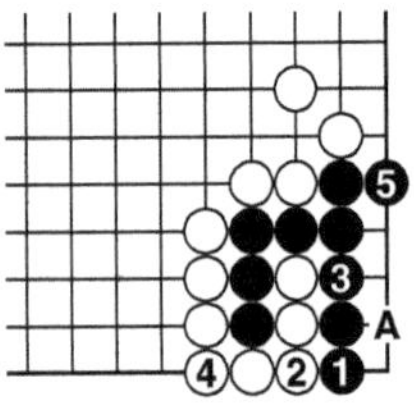

Lösung: Schwarz 1 ist ein weiteres Beispiel für einen Zug auf dem 1-2-Punkt. Offenbar wird uns dieser Zug zur Gewohnheit. Weiß 2 und 4 sind erzwungen, und mit 5 lebt Schwarz. Würde Schwarz 5 auf A spielen – nun ja, Leben ist Leben, aber das würde einen Verlust an Gebiet bedeuten, daher steuern unsere Finger wie gewohnt auf 5.

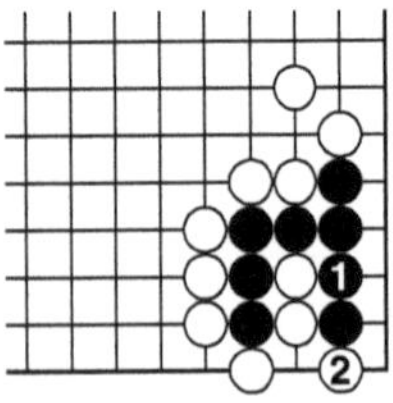

Fehler: Mit Schwarz 1 Atari zu spielen ist eine gedankenloser Zug. Wenn deine Gegner ein wenig stärker sind, werden sie erkennen, dass kein Grund vorliegt, die beiden weißen Steine zu verbinden und sie werden Weiß 2 spielen, einen guten Zug am Brettrand. Die schwarzen Steine sind tot.

Wenn du es gewohnt bist, einen Zug wie Schwarz 1 im Lösungsdiagramm und Weiß 2 im Fehlerdiagramm in echten Partien zu spielen, dann hast du vielleicht bereits die Spielstärke eines Shodan; bei einer gestellten Aufgabe hingehen vielleicht etwa die eines 10 Kyū.

15

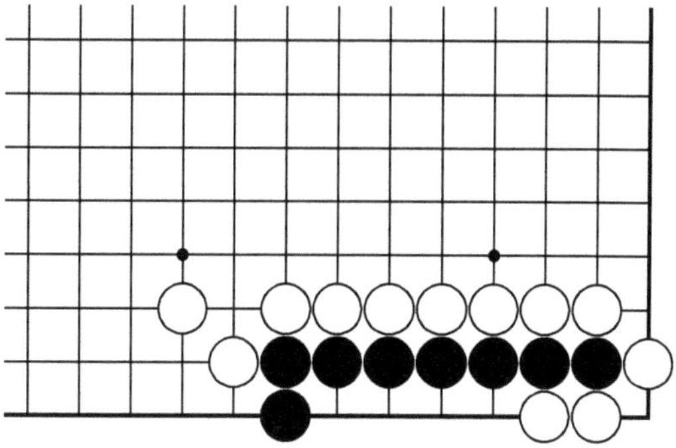

Die acht schwarzen Steine sehen aus wie ein Aalbett, und weil Schwarz am Zug ist, kann er sicher leben.

16

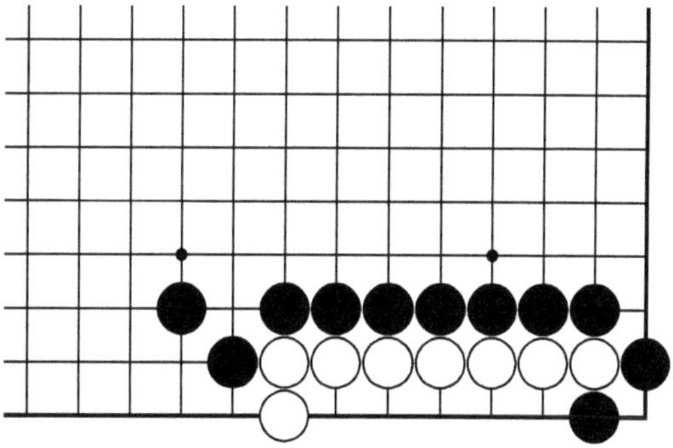

Diese Aufgabe ist der vorigen sehr ähnlich, diesmal jedoch ist das Ziel, die weißen Steine zu töten. Hat man die vorige Aufgabe gelöst, ist diese hier vermutlich leicht.

Antwort 15: Drei Züge vorausrechnen

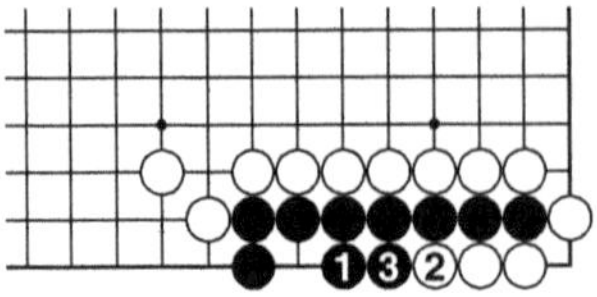

Lösung: Mit Schwarz 1 als erstes ein Auge zu machen ist sehr geschickt. Weiß 2 nimmt ein Auge, dann jedoch kann Weiß nach Schwarz 3 den Verlust von drei Steinen nicht verhindern. Folglich hat Schwarz zwei Augen.

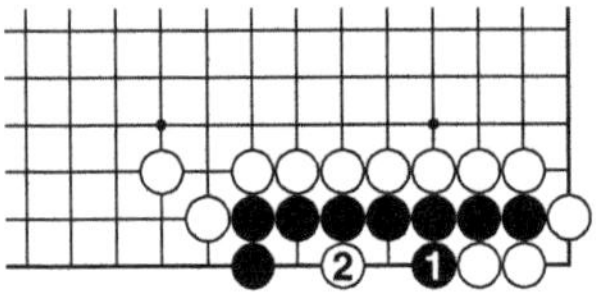

Fehler: Die meisten spielen Schwarz 1 hier, sehen Weiß 2 und brummeln, da gehe ja doch nichts. Weil ihnen keine Zweifel kommen, machen sie keine Fortschritte. Jemand, der Schwarz 1 spielt, hat den nächsten Zug, Weiß 2, nicht vorausberechnet, so wie ein Anfänger, der nur über den einen Zug direkt vor der Nase nachdenkt. Jemand, der Schwarz 1 im Lösungsdiagramm sehen kann, ist dagegen jemand, der in der Lage ist, die nächsten Züge bis Schwarz 3 vorauszuberechnen. Das macht einen großen Unterschied – man könnte sagen, den Unterschied zwischen 10 Kyū und Shodan.

Antwort 16: Anwendungsproblem

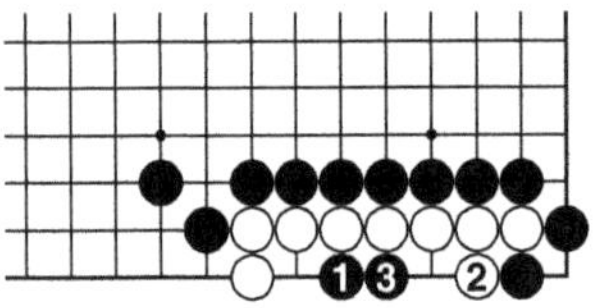

Lösung: Der gezielte Sprung auf Schwarz 1 ist korrekt. Selbst wenn Weiß seinen Raum mit Weiß 2 erweitert endet Weiß nach Schwarz 3 mit der toten Form von einem großen Auge.

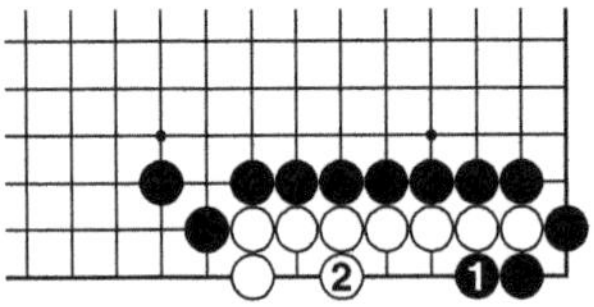

Fehler: Wer hier Schwarz 1 spielt hat die vorige Aufgabe nicht gründlich studiert. Weiß antwortet natürlich mit 2. Jetzt ist die Stellung die gleiche wie in der vorigen Aufgabe, mit vertauschten Farben.

Manche können an Go-Aufgaben arbeiten, indem sie lediglich ins Buch schauen. Das ist schön, solange sie alle korrekt lösen, aber wenn man hin und wieder Fehler macht, dann empfehle ich, Brett und Steine hervorzuholen und die Aufgabenstellungen aufs Brett zu legen. Nach meiner eigenen Erfahrung glaube ich, man geht viel effektiver vor, wenn man, anstatt sich fünfmal ein Diagramm lediglich im Buch anzusehen, einmal die Steine aufs Brett legt und es sich dort klarmacht.

17

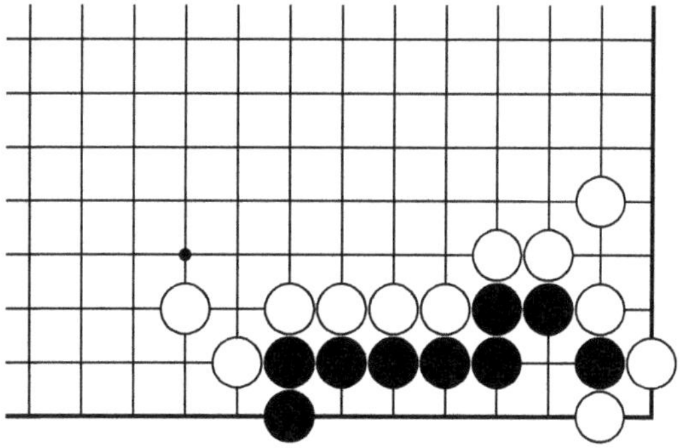

Hier haben wir noch so ein Diagramm. Nakayama 6 Dan lässt nicht locker, nicht wahr? Dir mag das vielleicht nicht gefallen, aber ich finde, Wiederholungen sind beim Lernen wichtig.

Was soll Schwarz tun? Diesmal muss man fünf Züge vorausrechnen, eine Sache jedoch muss man als Erstes beachten. Die ist vermutlich einfach.

18

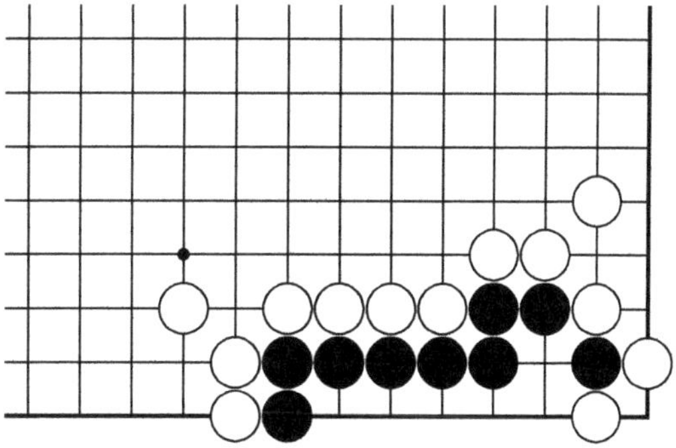

Diese Form sieht genauso aus wie die in der vorigen Aufgabe, aber sie unterscheidet sich an einer Stelle. Finde heraus, was das bedeutet.

Antwort 17: Fünf Züge vorausrechnen

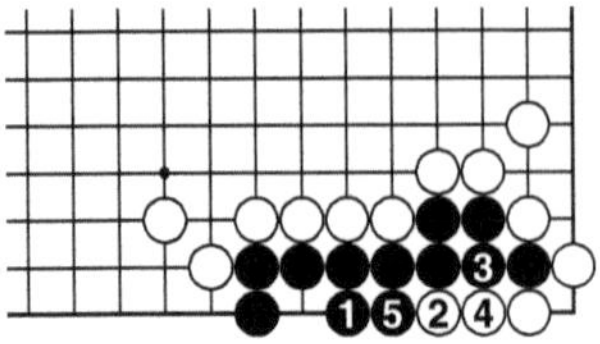

Lösung: Mit Schwarz 1 ein Auge zu machen ist sehr geschickt. Wenn Weiß Schwarz fangen will, hat Weiß mit 2 keine Wahl. Es folgen der Verbindungszug auf Schwarz 3 sowie Schwarz 5. Diese Methode ist uns bereits vertraut. Man muss hier fünf Züge vorausrechnen, aber wenn dir das Grundkonzept klar ist, dann erkennst du, es ist einfach.

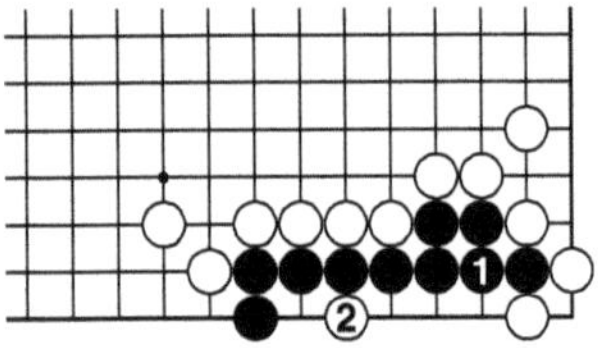

Fehler: Jemand, der mit Schwarz 1 verbindet, kann auf keine großen Forschritte hoffen, und nach Weiß 2 ist sein Plan fehlgeschlagen. Den gleichen Fehler immer wieder zu begehen macht nicht viel Spaß, also blättern wir nicht einfach weiter, sondern nehmen uns die Zeit und gehen die Position genau durch.

Antwort 18: Andere Ausgangslage

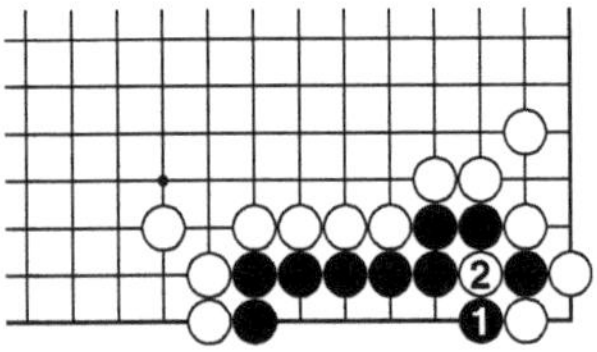

Lösung: Sich mit Schwarz 1, also einem Kō, zur Wehr zu setzen ist korrekt. Einen besseren Zug gibt es nicht. In dieser Art von Stellung ist es vermessen, zu glauben, man könne bedingungslos leben.

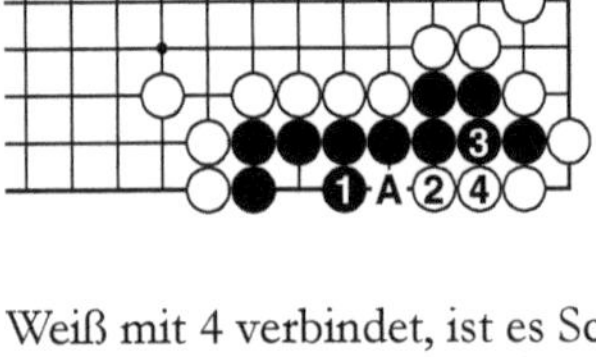

Fehler: Schwarz 1 ist normalerweise ein guter Zug, aber da die Außenfreiheiten alle besetzt sind, wird aus ihm ein ganz schlechter. Schwarz hatte es nämlich darauf abgesehen, dass Weiß nach Schwarz 1 und 3 zu wenig Freiheiten hat, aber sobald Weiß mit 4 verbindet, ist es Schwarz, der aufgrund von Freiheitenmangel nicht auf A spielen kann.

19

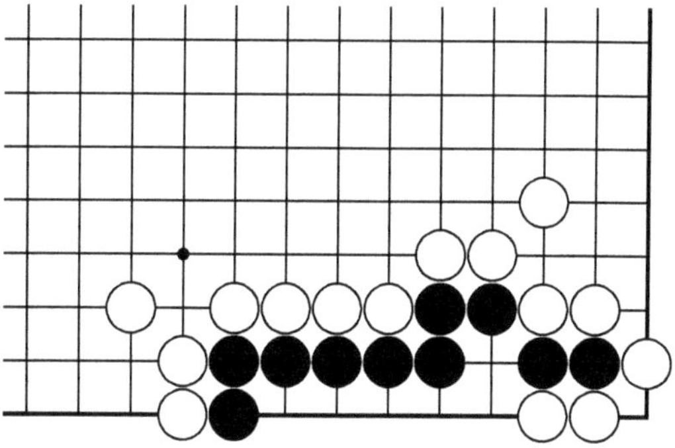

Wenn sich die Gegebenheiten ein wenig ändern, kann sich, wie wir sehen, auch das Resultat ändern. Was kommt nun bei dieser Aufgabe heraus? Ich glaube, sie ist leichter als die vorherige.

20

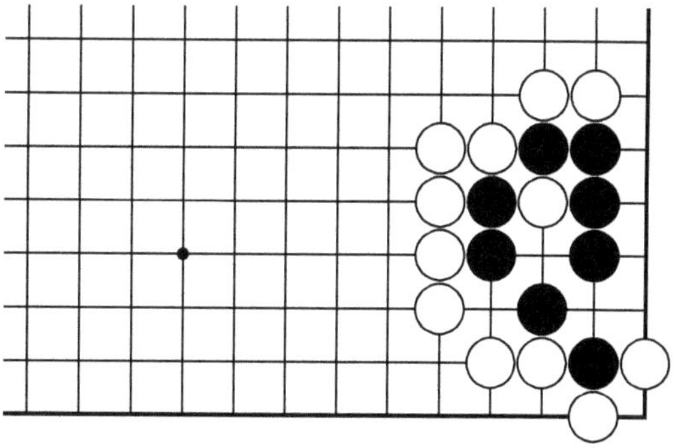

Dies ist die letzte Aufgabe dieser Art. Die Form könnte ohne Weiteres in einer echten Partie entstehen. Ich schätze, dass es sich hierbei inzwischen wohl um eine leichte Aufgabe handelt. Diese Art des Studiums von Leben und Tod, oder mit anderen Worten, diese Übung der Fähigkeit, durchzurechnen, ist beim Go am unerlässlichsten. Sie ist in kommenden Kämpfen auf jeden Fall hilfreich. Es gibt Leute, denen derartige Durchrechenübungen zuwider sind, aber die werden vermutlich nie wirklich stark werden.

Antwort 19: In diesem Fall …

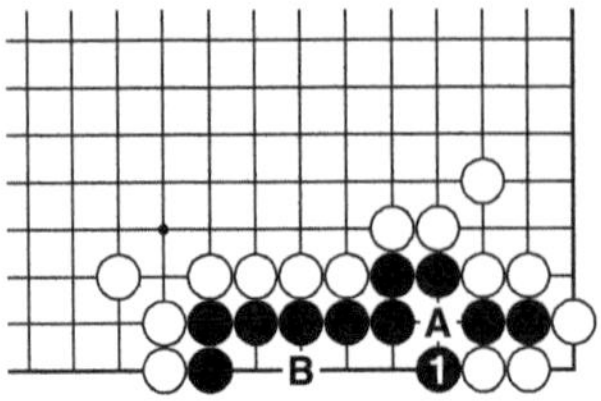

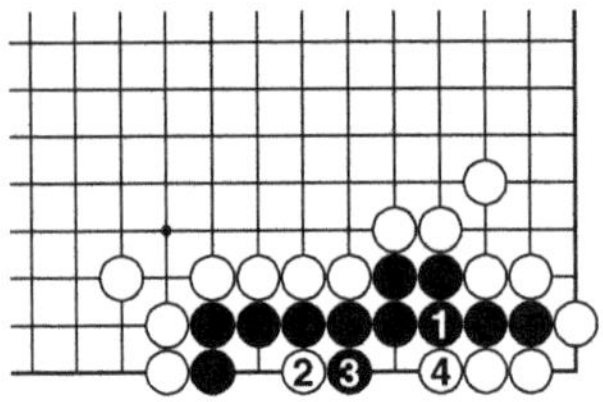

Lösung: In diesem Fall funktioniert weder auf A zu verbinden noch mit B ein Auge zu machen. Diesmal ist es korrekt, mit Schwarz 1 direkt zu blocken. Wenn Weiß nun zwei Steine schlägt, schlägt Schwarz einen und hat Platz für zwei Augen.

Fehler: Wenn Schwarz wie hier mit 1 verbindet, dann kann Schwarz nach Weiß 2 und 4 aufgrund von Mangel an Freiheiten Weiß nicht Atari setzen, und mehr gibt es nicht zu sagen.

Antwort 20: Schwarz 1 ist der vitale Punkt

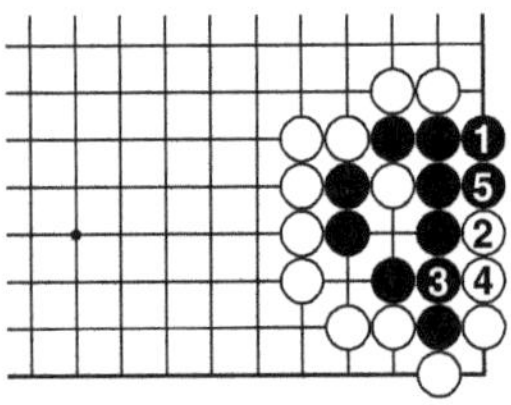

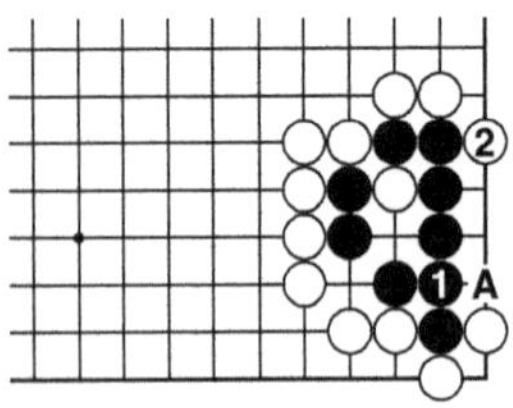

Lösung: Schwarz 1 ist auf dem vitalen Punkt. Egal ob Schwarz oder Weiß, wer auch immer hier zuerst spielt, obsiegt. Wenn Weiß versucht, mit 2 zu fangen, sind Schwarz 3 und 5 eine nützliche Technik, die wir bereits gesehen haben. Der Zauber ist durchschaut.

Fehler: Wenn Schwarz mit 1 verbindet, besetzt Weiß mit 2 den entscheidenden Punkt, und die schwarzen Steine sterben. Spielt Weiß 2 auf A, geht der vitale Punkt auf Weiß 2 an Schwarz, und die Lage verkehrt sich. Wir sind uns wohl einig, dass Schwarz hier Weiß geholfen hat.

21

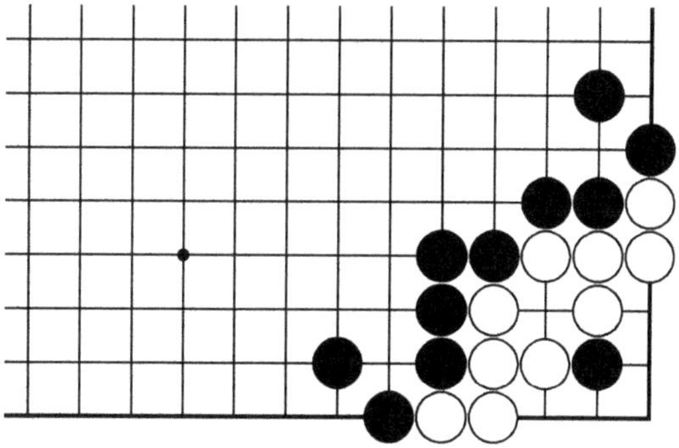

Was kann Schwarz gegen die weißen Steine in der Ecke unternehmen? Geh wenn möglich aufs Ganze.

22

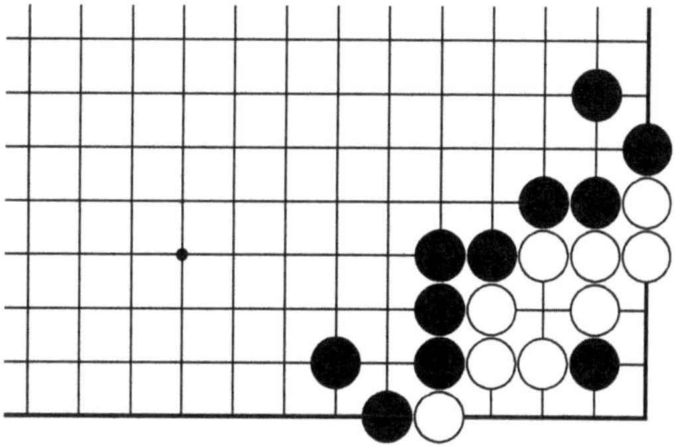

Verglichen mit der vorigen Aufgabe fehlt hier einer der weißen Steine. Hier gibt es einen noch stärkeren Zug.

Antwort 21: Der 1-1-Punkt

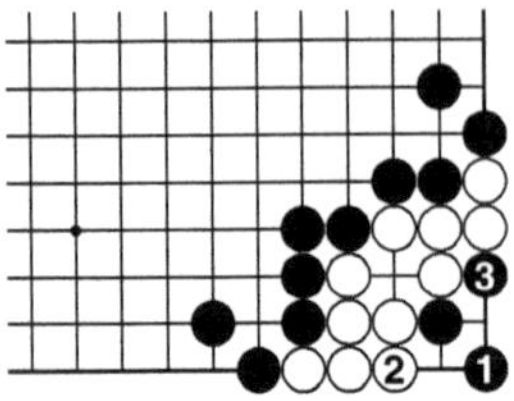

Lösung: Schwarz kann 1 spielen. Antwortet Weiß mit 2, erzeugt Schwarz mit 3 ein Kō. Spielt Weiß 2 auf dem Punkt von Schwarz 3, dann erzeugt wiederum ein schwarzer Zug auf dem Punkt von Weiß 2 ein Kō. Man tut gut daran, nicht zu vergessen, dass es beim Go gelegentlich einen Zug auf dem 1-1-Punkt gibt.

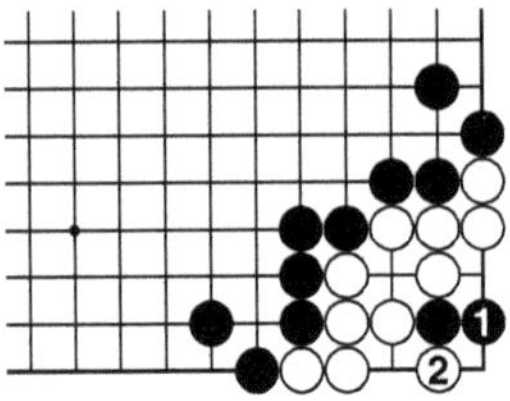

Fehler: Spielt Schwarz auf 1, dann ist es nach Weiß 2 nicht möglich, die weißen Steine zu fangen. Weil Weiß auch die beiden schwarzen Steine nicht fangen kann, ist das Resultat Seki. Seki ist jedoch Leben.

Antwort 22: Ein Auge versus kein Auge

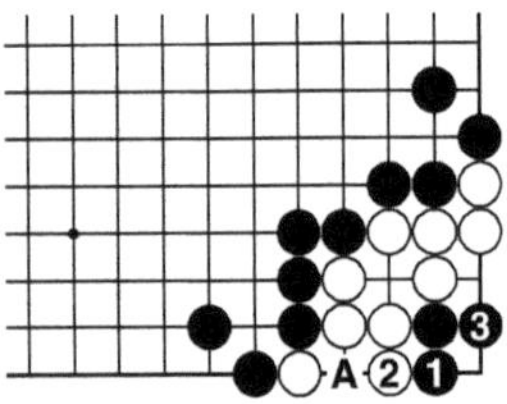

Lösung: Schwarz 1 auf dem 1-2-Punkt ist ein guter, kluger Zug, und die weißen Steine sind tot. Spielt Weiß auf 2, um zu verhindern, dass Schwarz unten verbindet, macht Schwarz mit 3 ein Auge. Es entsteht eine Situation mit "einem Auge versus keinem Auge". Weiß kann die verbleibende Außenfreiheit der drei schwarzen Steine nicht besetzen, und Schwarz kann auf A spielen, wann immer er mag.

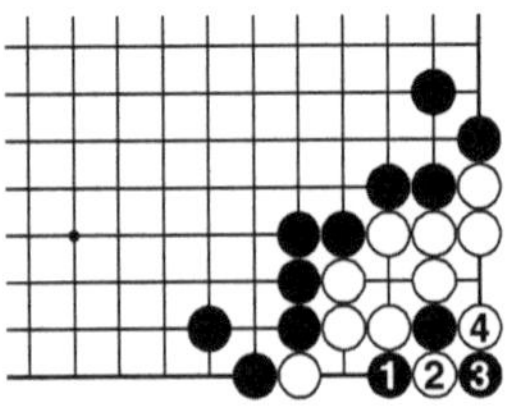

Fehler: Schwarz 1 zu spielen um unten zu verbinden sieht gut aus, ist aber verfrüht. Nun hat Weiß hat die Gelegenheit, mit 2 einen geschickten Zug am Brettrand zu spielen. Nach Schwarz 3 und Weiß 4 haben wir ein Kō. Es handelt sich bei Schwarz 1 nicht um einen erfolgreichen Zug, wenn man ein Kō zulässt, wo man hätte töten können.

23

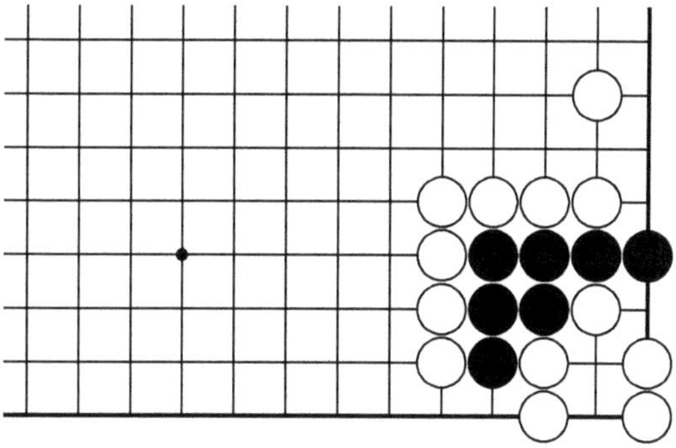

Das hier ist eine der Varianten einer komplizierten Stellung, die nach einem quadratischen Holzkästchen benannt ist, das ihr in Form und Größe ähnelt und als Becher für Reiswein Verwendung findet: ein "Sake-Masu". Wir kümmern uns jedoch nicht weiter darum, wie sie hier zustande gekommen sein mag, und der Rest ist nicht so schwierig. Es gibt hier für Schwarz einen geschickten Zug.

24

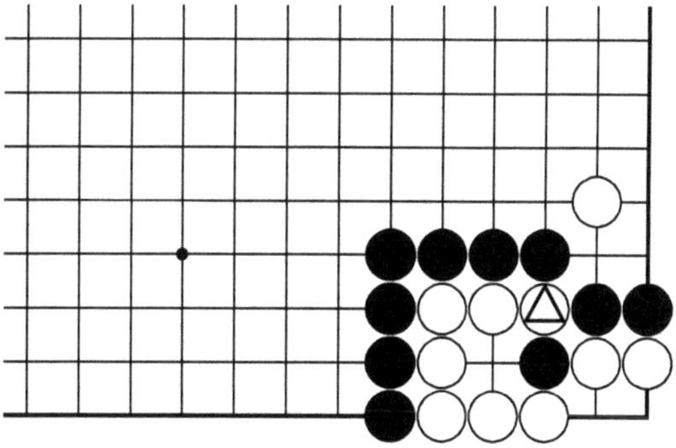

Weiß hat soeben den markierten Stein gespielt. Wie reagierst du nun darauf? Du denkst vielleicht, Schwarz könne hier nichts ausrichten, aber da geht etwas.

Antwort 23: Einfach Atari

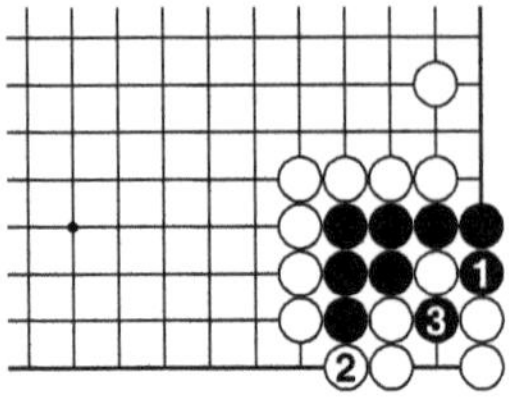

Lösung: Mit Schwarz 1 einfach Atari zu spielen ist ein interessanter Zug. Wie durch ein Wunder sind die schwarzen Steine lebendig. Spielt Weiß auf 2, dann fängt Schwarz 3 die beiden Steine in der Ecke.

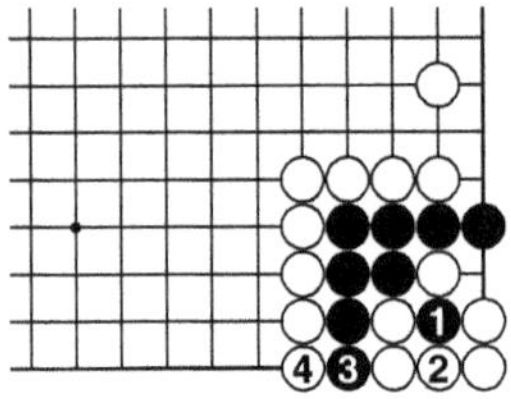

Fehler: Nach meiner Erfahrung gibt es aus unerfindlichen Gründen eine ganze Menge von Leuten, die in dieser Stellung mit Schwarz 1 einwerfen. Nach Schwarz 3 besetzt Weiß 4 eine Außenfreiheit, und wir haben erneut einen Fall von "einem Auge versus keinem Auge".

Antwort 24: Doppelte Mausefalle

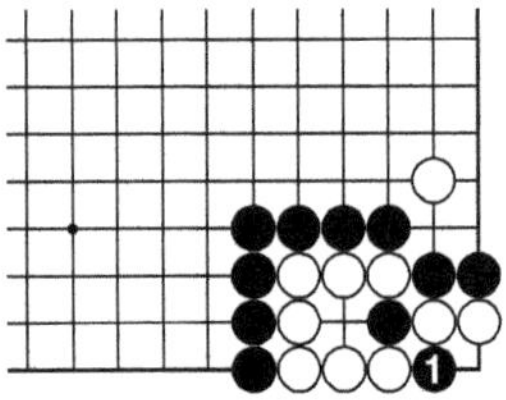

Lösung: Wenn Schwarz mit 1 schneidet, kann Weiß nichts mehr tun. Hochinteressant! Welchen Stein auch immer Weiß schlägt, Schwarz schlägt auch etwas, mit einer Mausefalle. Es handelt sich hier um eine sogenannte doppelte Mausefalle. Vielleicht ist dir so eine schon einmal in deinen eigenen Partien begegnet.

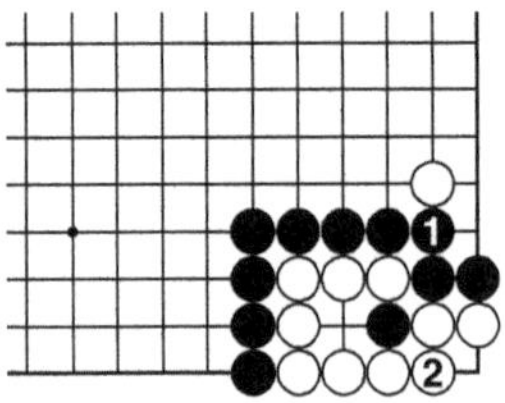

Fehler: Schwarz, ein wenig nervös, verbindet mit 1. Dieses Bild verdient aufmerksame Betrachtung. Weiß kann dann 2 spielen und hat zwei sichere Augen. Je nach den Umständen kann ich mir vorstellen, dass ein dreister Spieler mit den weißen Steinen auf 2 verzichtet, um von einem Zug an anderer Stelle zu profitieren, und von einem extra Gebietspunkt dazu. Das darf man nicht durchgehen lassen.

25

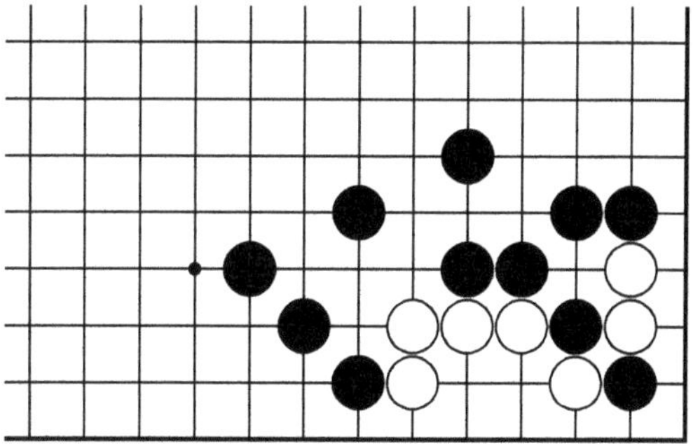

Die weißen Steine hier sehen aus, als seien sie bereits lebendig. Mit einem geschickten Zug lässt sich jedoch etwas machen. Die weißen Steine sehen nämlich auch so aus, als könnten sie ganz unerwartet sterben.

26

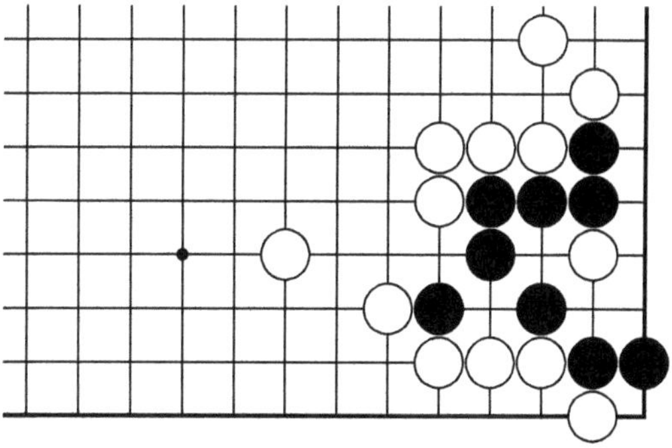

Bei dieser Aufgabe sollen die schwarzen Steine leben. Im Allgemeinen sind sowohl Stellungen, die leicht zu töten sind, als auch Stellungen, in denen man leicht lebt, in der Ecke zu finden. Ist man mit der speziellen Eigenheit des Eckpunkts vertraut, dann hat man hier keine Schwierigkeiten.

Antwort 25: Vitaler 1-2-Punkt

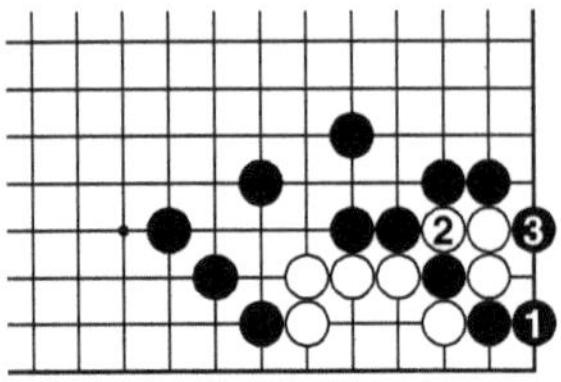

Lösung: Mit Schwarz 1 hinabzusteigen, gefolgt von Schwarz 3 mit dem Ziel, unten zu verbinden, beweist Geschick am Brettrand. Letztendlich handelt es sich bei Schwarz 1 um ein weiteres Beispiel für einen vitalen Punkt auf 1-2. Kein anderer Zug tötet die weißen Steine.

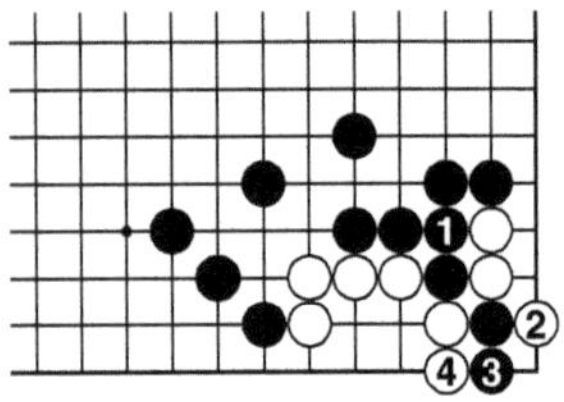

Fehler: Die Verbindung auf Schwarz 1 sowie andere normale Züge mögen an guter Stelle sein, aber derartige Züge werden nicht zum Erfolg führen. Weiß 2 ist ein wichtiger Zug. Wäre dieser Zug ein Atari auf dem Punkt von Schwarz 3, dann käme es zum Abstieg von Schwarz auf den Punkt von Weiß 2, und mit dieser Wendung stürben die weißen Steine dann doch.

Antwort 26: Die spezielle Eigenheit des Eckpunkts

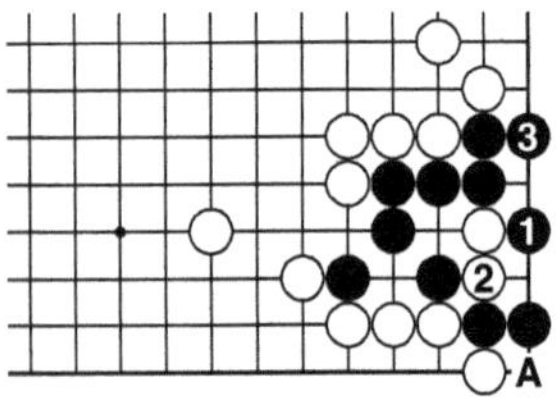

Lösung: Das Hane auf Schwarz 1 ist der erste Lösungsschritt. Wenn Weiß dann 2 spielt, macht Schwarz mit 3 zwei Augen. Schwarz nutzt geschickt die spezielle Eigenheit des Eckpunkts, die Weiß daran hindert, auf A zu spielen.

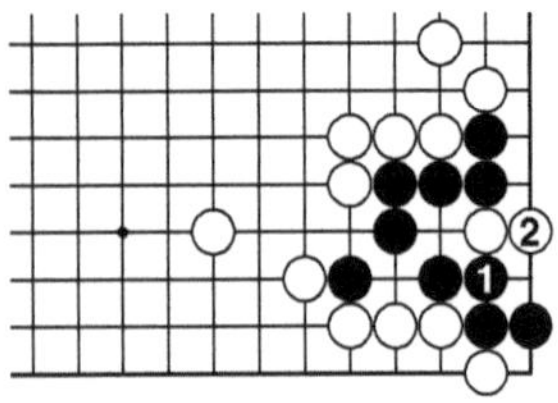

Fehler: Wenn Schwarz mit 1 verbindet, tötet Weiß die schwarzen Steine mit 2. Der Punkt von Weiß 2 war schließlich der vitale Punkt für die Augenform von Schwarz.

27

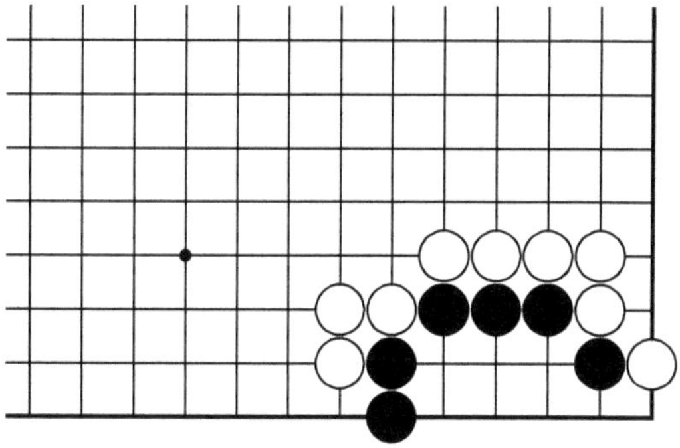

Hier handelt es sich um eine Form, die in echten Partien häufig vorkommt, darum möchte ich, dass du sie dir genau ansiehst. Wie kannst du spielen, um sicher zu leben?

28

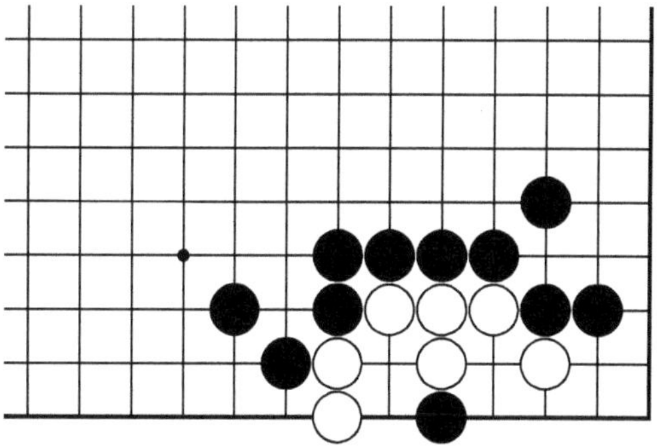

Diese Aufgabe ähnelt in mancher Hinsicht der vorherigen, diesmal allerdings soll Schwarz die weißen Steine fangen.

Antwort 27: Leben in Kammform

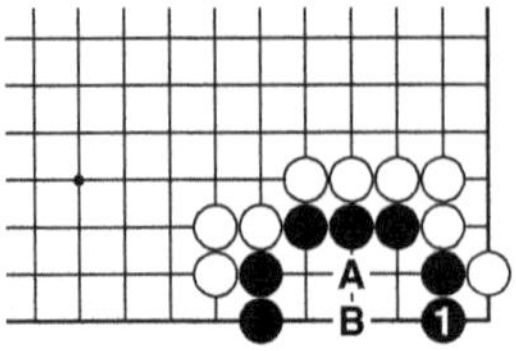

Lösung: Mit Schwarz 1 den Raum von Schwarz so groß wie möglich zu machen ist gut. So kommt Schwarz zum Leben. Wenn Weiß als Nächstes A spielt, spielt Schwarz B und umgekehrt. So oder so erhält Schwarz zwei sichere Augen.

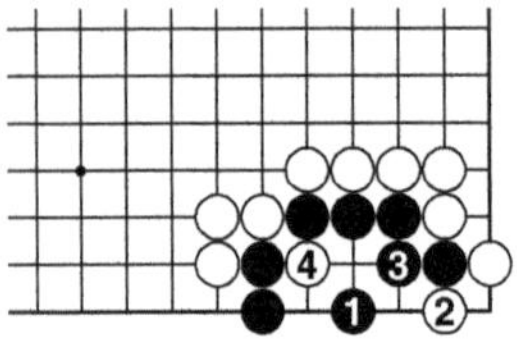

Fehler 1: Auch hier liegt Schwarz 1 auf der ersten Linie, aber wenn Weiß dann 2 spielt, geht es für die schwarzen Steine nicht gut aus. Ebenso …

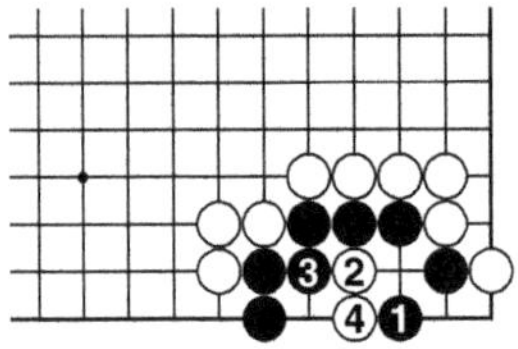

Fehler 2: … kann Schwarz auch mit 1 an dieser Stelle nach Weiß 2 und 4 keine zwei Augen machen.

Antwort 28: Die Kammform verhindern

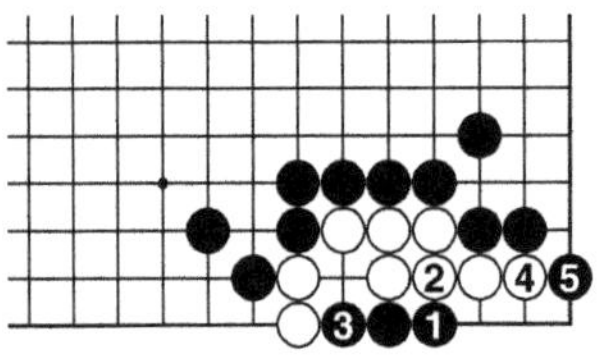

Lösung: Mit Schwarz 1 auf der ersten Linie zu strecken ist korrekt. Wenn du diesen Zug finden kannst, ist der Rest einfach. Verbindet Weiß mit 2, spielt Schwarz 3, und wenn Weiß dann 4 spielt, nimmt ihm Schwarz 5 den Punkt, mit dem er noch ein Auge hätte machen können. Die weißen Steine sind tot.

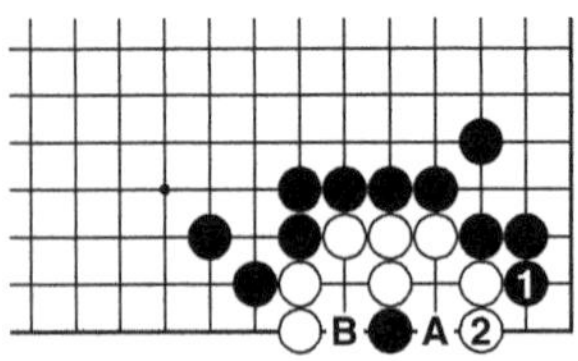

Fehler: Wenn Schwarz 1 spielt, dann drängt er Weiß zu einer lebendigen Version der Kammform. Spielt Schwarz als nächstes auf A, kann Weiß auf B spielen und umgekehrt. In beiden Fällen leben die weißen Steine.

29

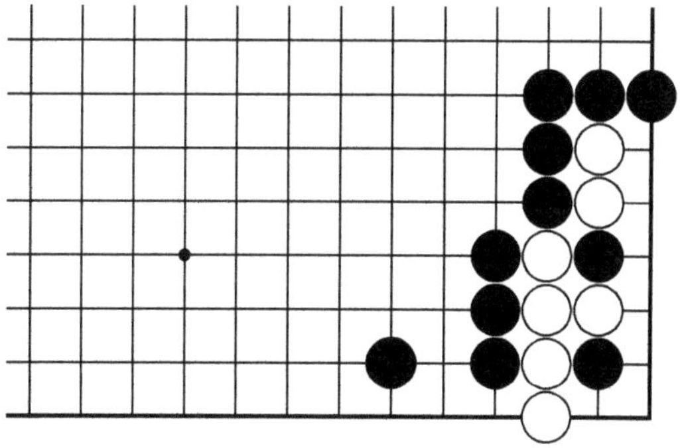

Wird es gerade ein bisschen schwieriger? Wenn du dich an den Titel des Buchs erinnerst, dann ist diese Aufgabe so schwierig nicht.

30

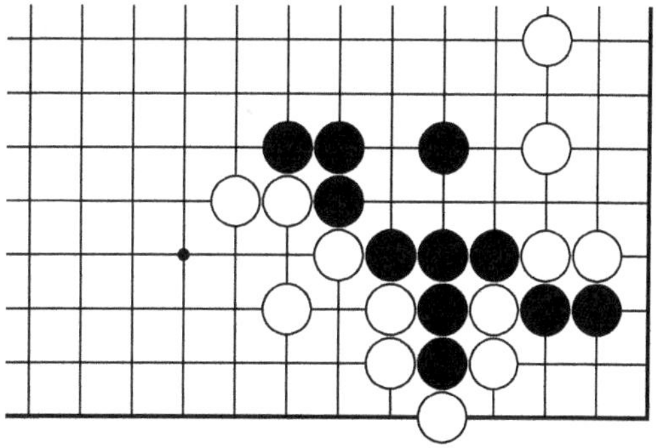

Dies ist die letzte Aufgabe des Abschnitts "*Zauberei für Anfänger*". Weiß hat die beiden schwarzen Steine, die er in der Ecke umzingelt hat, stehen lassen. Kann Schwarz mit ihnen etwas anfangen? Findet Schwarz einen Zug, wird Weiß vor Verblüffung nach Luft schnappen.

Antwort 29: Ein beispielhafter vitaler Punkt

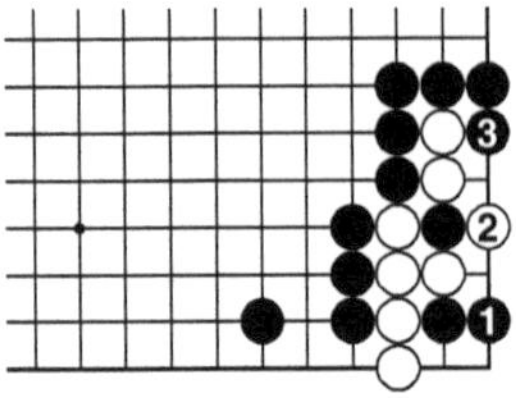

Lösung: Schwarz 1 auf dem 1-2-Punkt ist korrekt, ein typischer vitaler Punkt. Erwidert Weiß mit 2, tötet Schwarz 3 die weißen Steine. Du wirst bestätigen können, dass nach der Kombination von Schwarz 1 und 3 Weiß keine zwei Augen machen kann.

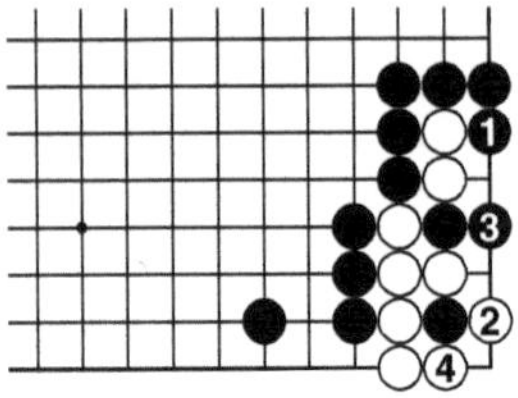

Fehler: Schwarz 1 ist die falsche Zugreihenfolge. Würde Weiß anstatt 2 zu spielen auf dem Punkt von Schwarz 3 einen Stein schlagen, wären wir mit einem schwarzen Zug auf den Punkt von Weiß 2, also dem vitalen Punkt, wieder beim Lösungsdiagramm. Weiß besetzt mit 2 den vitalen Punkt, opfert zwei Steine und lebt in der Ecke.

Antwort 30: Ein Zug zwischen den Gebieten

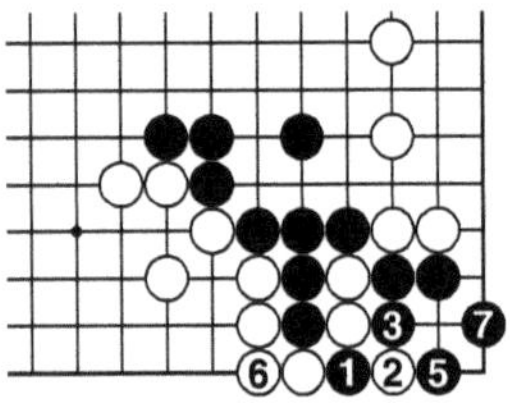

Lösung: Der Einwurf auf Schwarz 1 ist schlichtweg ein genialer Zug. Wenn du auf diesen Zug gekommen bist, dann ist der Rest einfach. Mit Weiß 2 zu schlagen ist der einzige Zug. Schwarz 3, 5 und 7 bilden dann die kleinstmögliche Form mit zwei Augen (Weiß 4 verbindet auf 1).

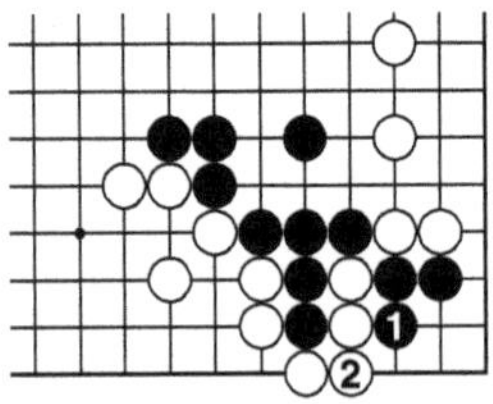

Fehler: Ohne Nachzudenken spielt Schwarz mit 1 Atari. Hat Weiß auf 2 verbunden, kann Schwarz nichts mehr tun, um seine Steine in der Ecke zu retten. Hier zeigt sich der Unterschied zwischen gewöhnlichen und außergewöhnlichen Zügen, in dem wir den Unterschied zwischen 10 oder 15 Kyū und Shodan erkennen.

Besieht man es sich genau, dann liegen Schwarz 1 im Lösungsdiagramm und Weiß 2 im Fehlerdiagramm auf demselben Brettpunkt. Wer auf diesem Punkt spielt, erreicht sein Ziel. Einen solchen Zug gibt es häufig auf der ersten Linie – wenn du dich also nicht entscheiden kannst, wie du spielen sollst, dann ist oft der Ansatz effektiv, nach einem Zug auf der ersten Linie zu suchen.

Treppenaufgabe mit Herz

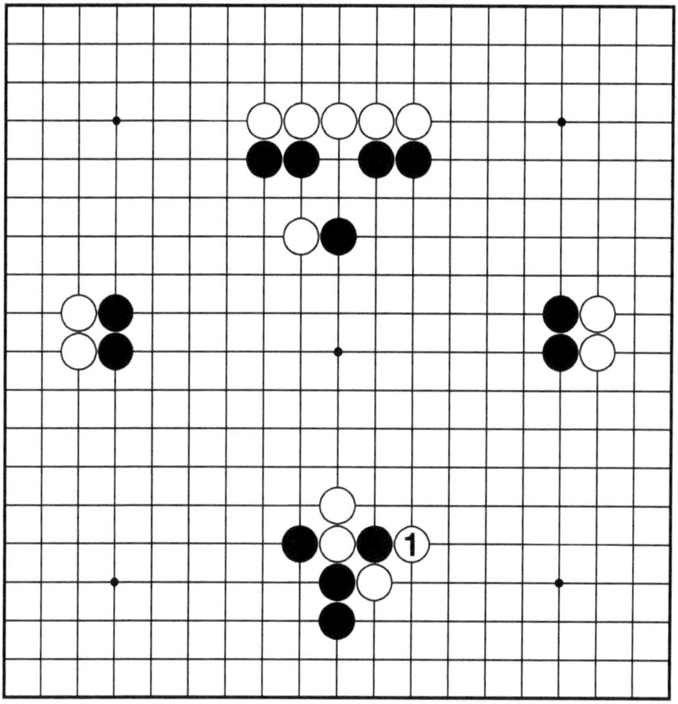

Im Allgemeinen rechnet man beim Go auf eine von zwei Arten durch. Im einen Fall geht es darum, lokal genau durchzurechnen, und davon handelt dieses Buch. Es gibt aber auch ein weites Vorausrechnen, in großem Rahmen, und das ist Thema meines Buchs *Shichō no Sekai* (*Die Welt der Treppen*), erschienen beim Nihon Ki-in. Um ein Beispiel zu zeigen: Weiß 1 startet hier eine Treppe. Sie setzt sich fort bis Weiß 71, aber da es sich um eine Treppe handelt, eignet sich der Versuch, sie durchzurechnen, selbst für Einsteiger als eine gute Übung. Die Lösung findet sich auf der nächsten Seite.

Treppenlösung mit Herz

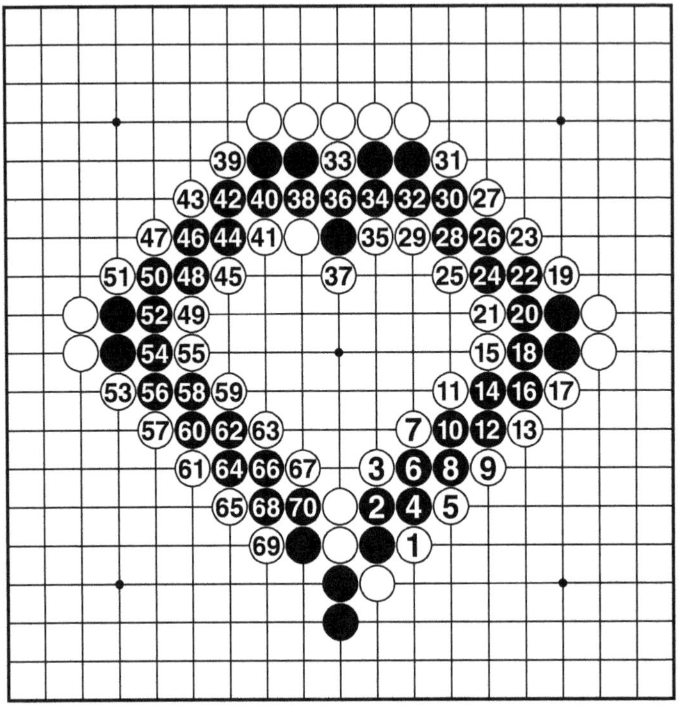

Zauberei mittlerer Stufe
(5 Kyū bis 1 Kyū)

31

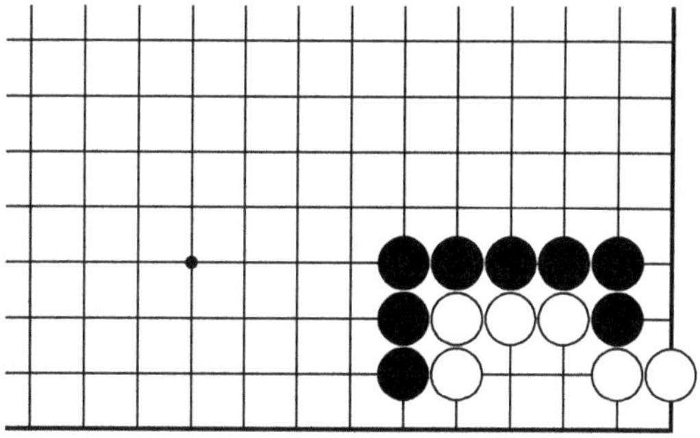

Diese Form sieht man häufig in echten Partien. Da Schwarz am Zug ist, musst du die weißen Steine in der Ecke irgendwie töten.

32

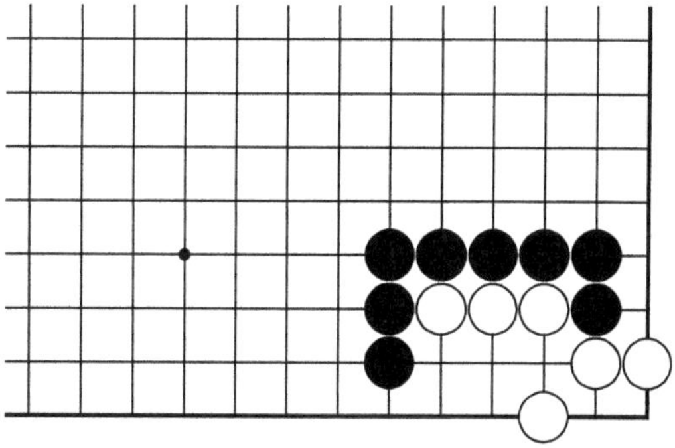

Die Position nur eines weißen Steins wurde verändert. Dieser eine Unterschied erfordert nun eine ganz andere Angriffsmethode.

Antwort 31: Am vitalen Punkt zuschlagen

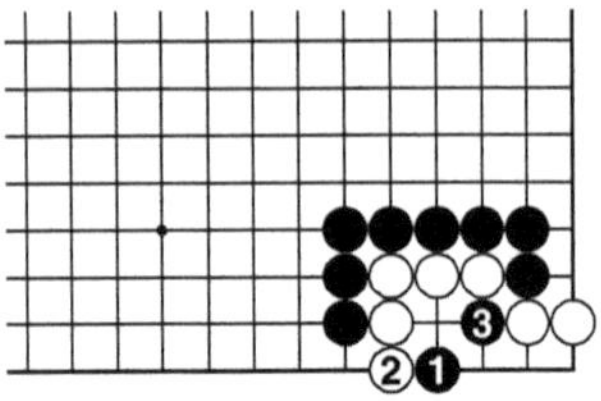

Lösung: Schwarz 1, ein Oki (das Platzieren eines wichtigen Steins im feindlichen Gebiet) auf der ersten Linie, ist ein Tesuji. Hier ist schlicht der vitale Punkt. Auf einen Schlag sind die weißen Steine erledigt.

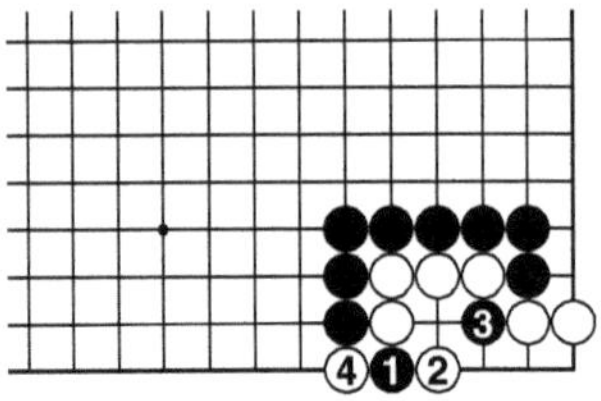

Fehler: Viele würden Schwarz 1 spielen, aber sobald Weiß mit 2 den vitalen Punkt besetzt, kann Schwarz sein Ziel nicht mehr erreichen.

Antwort 32: Zurückhaltung

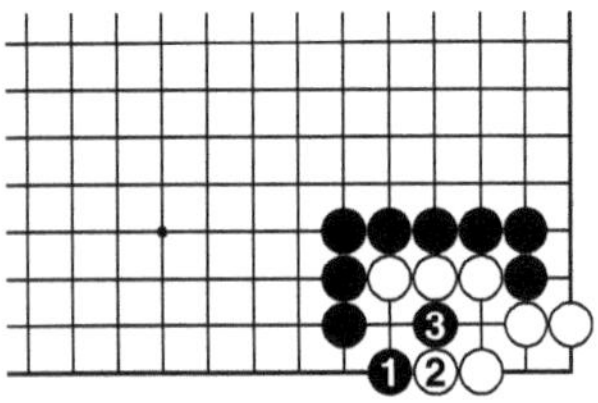

Lösung: Schwarz spielt mit 1 einen Diagonalzug. Das ist ein guter Zug. Er wirkt behäbig, aber er trifft in der Tat die Schwachstelle von Weiß, der nun in Not ist.

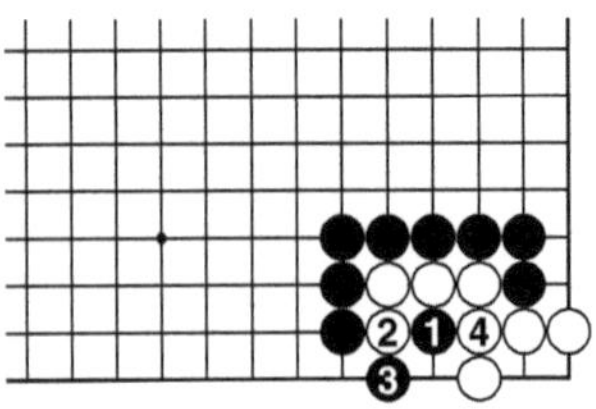

Fehler: Spielt Schwarz unmittelbar 1, lebt Weiß mit dem Durchstoß auf 2, dann 4.

33

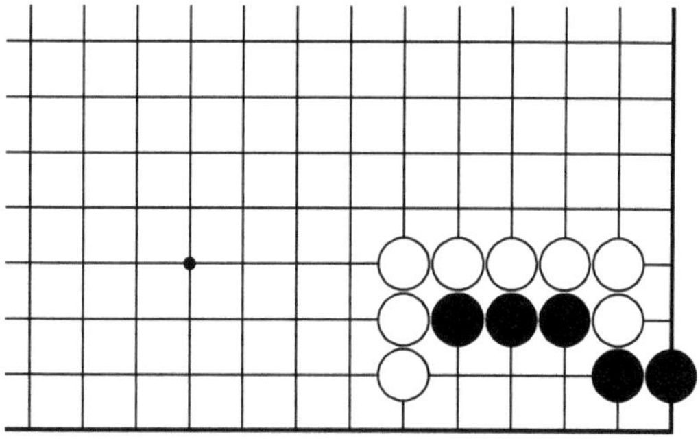

Diesmal ist die Aufgabe, herauszufinden, was Schwarz in der Ecke tun kann. Wichtig ist der erste Zug, aber mit etwas Grundwissen ist er nicht schwierig.

34

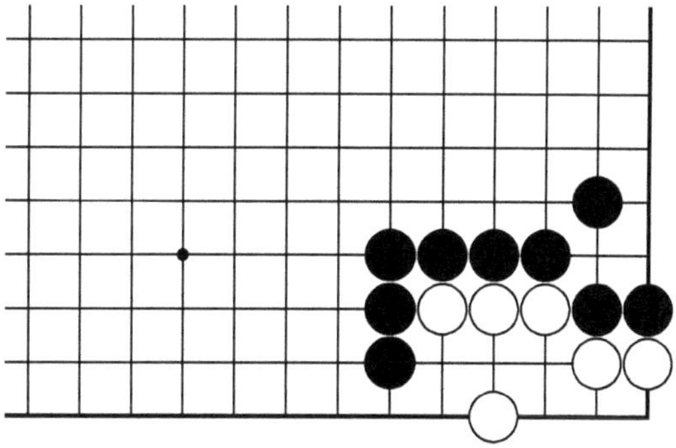

Diese Form ähnelt der in der vorigen Aufgabe, mit vertauschten Farben. Ein paar Einzelheiten sind jedoch ganz anders. Wenn du in der Lage bist, mit dieser Form fehlerfrei umzugehen, wenn sie sich in einer deiner Partien ergibt, dann liegt deine tatsächliche Spielstärke vermutlich im Dan-Bereich, aber mit etwas Grundwissen bleiben hier nicht viele Punkte, an denen man spielen könnte. Nun, was würdest du tun?

Antwort 33: In der Mitte von Dreien

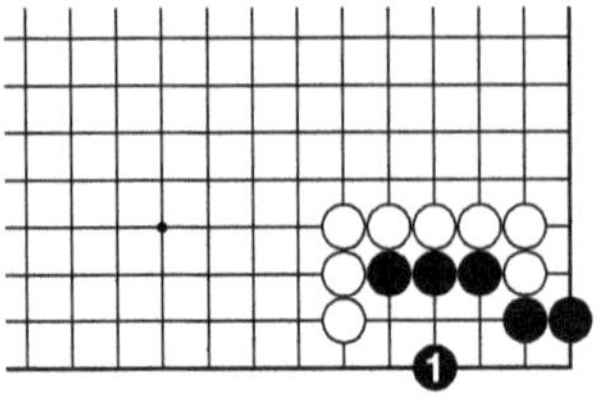

Lösung: Schwarz 1 befolgt das Sprichwort, man solle in der Mitte dreier Steine spielen, und das ist die einzige Methode, um in dieser Situation zu leben. Sie wirkt ziemlich clever. Anders kann Schwarz nicht leben. Zum Beispiel:

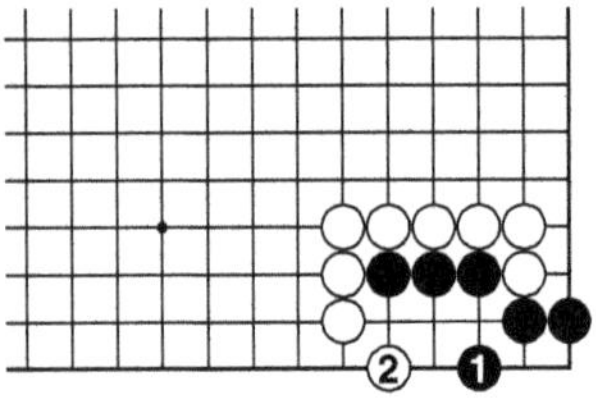

Fehler: Wenn Schwarz 1 spielt, dann sind nach Weiß 2 die schwarzen Steine tot, wie wir vorhin gesehen haben.

Antwort 34: Die Gefahr im Freiheitenmangel

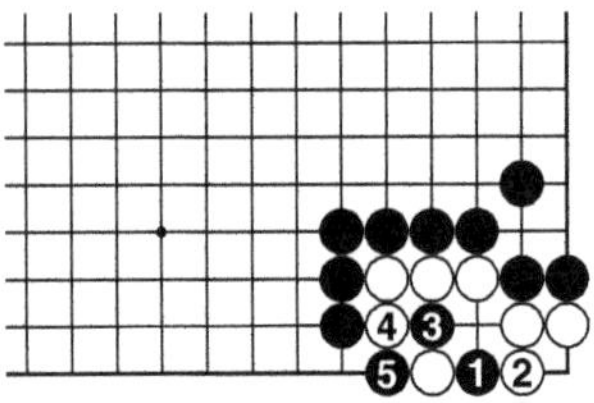

Lösung: Der Sprung tief hinein mit Schwarz 1 ist schlicht ein geniales Tesuji, mit dem Ergebnis, dass die weißen Steine tot sind. Eine Gegenmaßnahme wäre Weiß 2, aber wenn Schwarz 3 und 5 spielt, kann Weiß die vier Steine in Atari aufgrund von Freiheitenmangel nicht verbinden. Ein Sprichwort sagt, man solle sich vor Freiheitenmangel in Acht nehmen. Hätten in dieser Situation die weißen Steine auch nur eine weitere Außenfreiheit, würden sie nicht sterben.

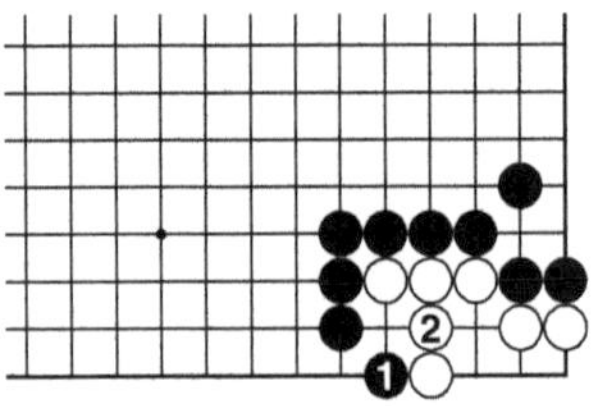

Fehler: Spielt Schwarz auf 1, dann spielt Weiß 2 und die weißen Steine haben innen eine gebogene vierpunktige Form und sind damit lebendig.

35

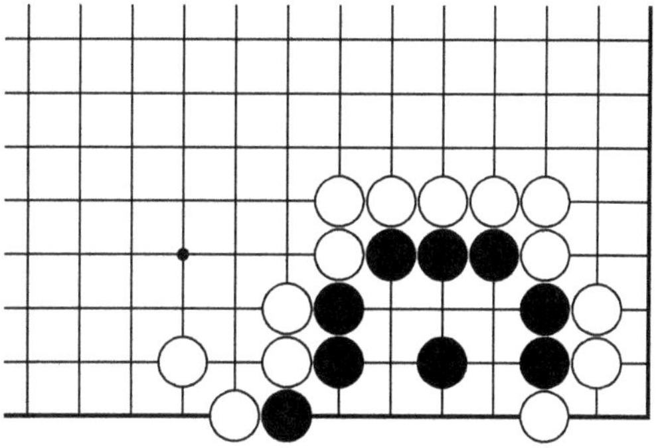

Soeben hat Weiß auf der ersten Linie Hane gespielt. Weiß zielt darauf ab, den Freiheitenmangel der schwarzen Steine zu nutzen, um sie zu fangen. Wie soll sich Schwarz dagegen wappnen?

36

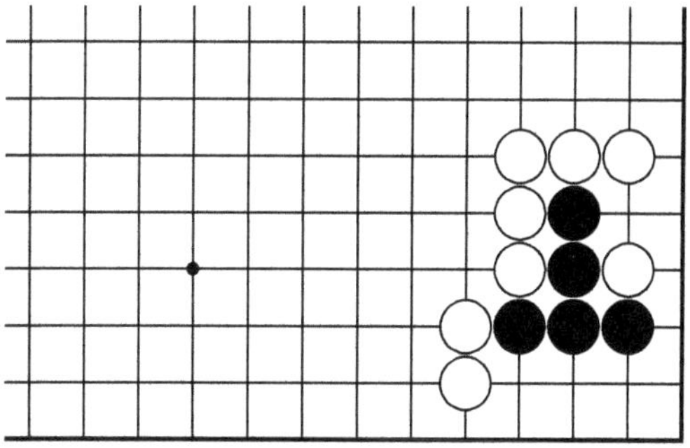

In dieser Aufgabe geht es um ein elementares Tesuji, bei dem wir so weit gehen dürfen zu sagen, seine Kenntnis sei unabdingbar. Dieses Tesuji erweist sich in der Praxis als sehr effektiv, sieh es dir also genau an.

Antwort 35: Freiheitenmangel vermeiden

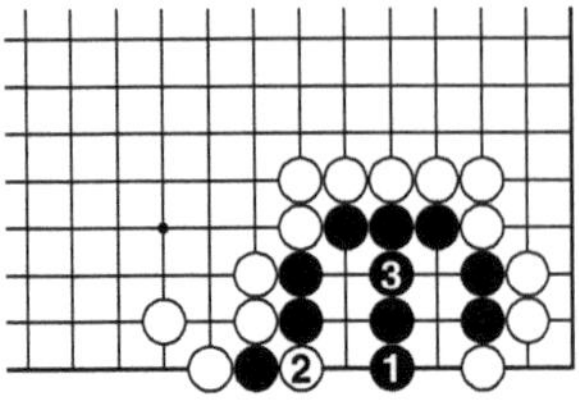

Lösung: Schwarz 1 ist ein guter, ruhiger Zug. Da alle Außenfreiheiten besetzt sind, macht es kein anderer Zug Schwarz möglich, zu leben. Wenn Weiß auf 2 spielt, erzeugt Schwarz 3 ein Auge links und eines rechts.

Vielleicht erkennst du in dieser Stellung Aufgabe 3 auf Seite 13 wieder.

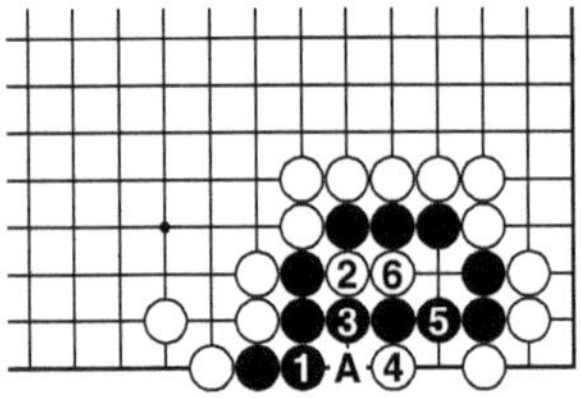

Fehler: Verbindet Schwarz mit 1, dann kann Weiß auf 2 schneiden und Schwarz wird nicht leben können. Spielt in dieser Zugfolge Schwarz 3 auf dem Punkt von Weiß 6, geht es für Schwarz nicht gut aus. Weiß spielt auf dem Punkt von Schwarz 3, dann schlägt Schwarz auf A und Weiß spielt auf dem Punkt von Schwarz 5.

Antwort 36: Ein guter Zug auf dem 2-1-Punkt

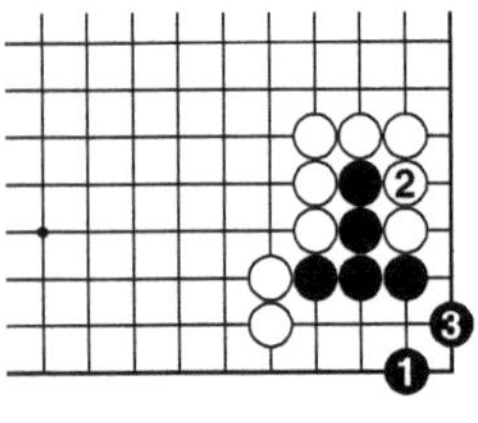

Lösung: Schwarz 1 ist für beide Parteien ein äußerst dringlicher Punkt. Es handelt sich um einen sprichwörtlichen guten Zug auf dem 2-1-Punkt, der unmittelbar Zauberei am Brettrand vorführt. Weiß darf 2 spielen, und Schwarz spielt 3. Um auf derart engem Raum Leben zu schaffen sind zwei aufeinanderfolgende Züge auf den 2-1-Punkten und so auf effiziente Art zwei Augen zu bilden die beste Vorgehensweise.

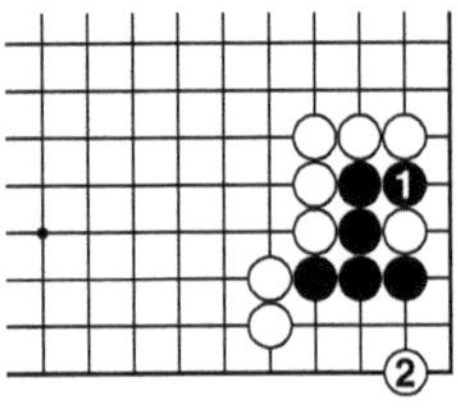

Fehler: Schwarz 1 ist ein normaler Zug, aber da Weiß nun Gelegenheit bekommt, 2 zu spielen, taugt er nichts. Das leuchtet dir vermutlich bereits auf den ersten Blick ein.

37

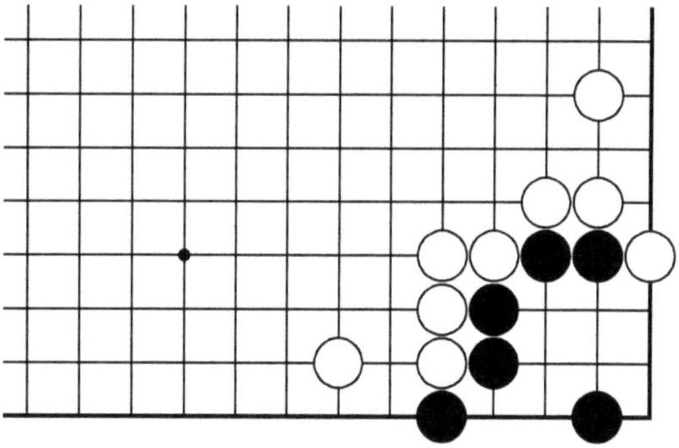

Wie es scheint sehen die schwarzen Steine ihrer Vernichtung entgegen. Allerdings gibt es da noch immer einen vitalen Punkt, und daher keine Notwendigkeit aufzugeben. Was kann Schwarz tun?

38

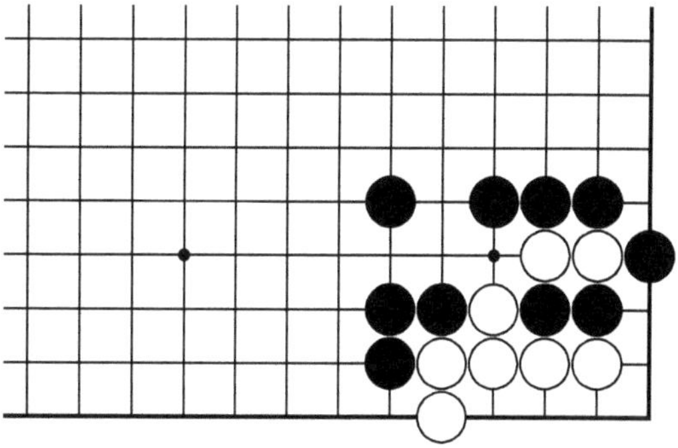

Beide Parteien haben zwei Steine in Atari, es ist allerdings wichtig, sich anzugewöhnen, eine Stellung als Ganzes in Augenschein zu nehmen, und nicht nur einen Teil davon.

Antwort 37: Obwohl riskant …

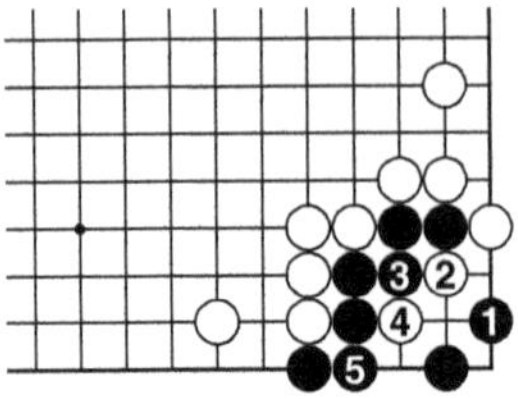

Lösung: Schwarz muss natürlich ein wenig Zauberei auf der ersten Linie an den Tag legen, und so macht er Zug 1 auf dem 2-1-Punkt zu seinem Talisman. Selbst wenn Weiß mit 2 und 4 hineinstößt, antwortet Schwarz brav auf 3 und 5, und mehr kann Weiß nicht bieten. Wie du sehen kannst, ist Schwarz bei zwei Augen angelangt. Diese Aufgabe liefert ein weiteres Beispiel für die Effektivität des 2-1-Punktes.

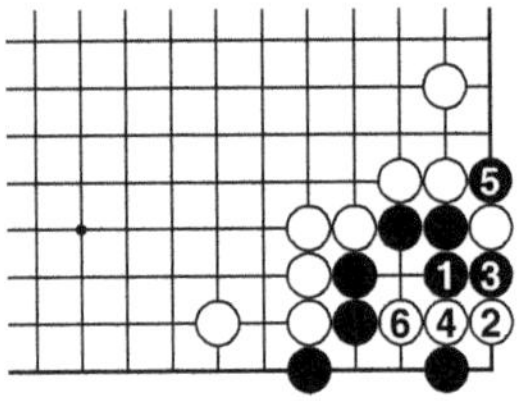

Fehler: Schwarz 1 ist ein enttäuschend gewöhnlicher Zug. Springt Weiß mit 2 hinein auf den vitalen Punkt, ist für Schwarz alles vorbei.

Antwort 38: Die gesamte Stellung betrachten

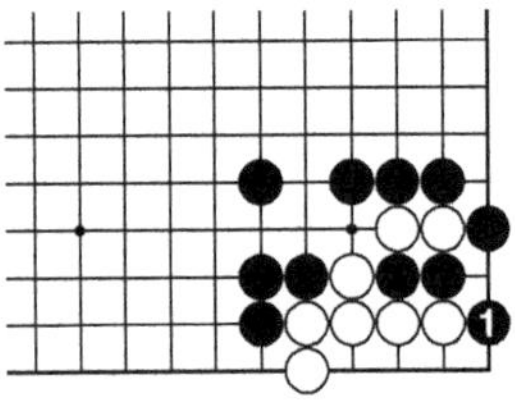

Lösung: Das Hane mit Schwarz 1 ist ein großartiger Zug. Wenn es dir darum geht, alle weißen Steine zu töten, dann ist dies der einzige Zug. Wenn Weiß zwei Steine schlägt, schlägt Schwarz einen zurück und Weiß hat keinen Platz für zwei Augen. In einer Situation wie dieser hier, ganz ohne Ablenkungen, kann man sich einen solchen Zug zu eigen machen, aber in einer echten Partie …

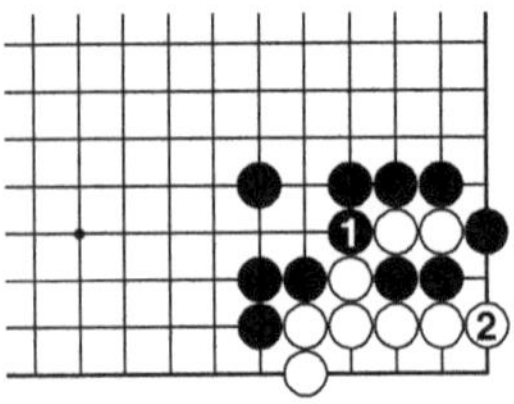

Fehler: Dass Schwarz auf 1 spielt und Weiß mit 2 leben lässt ist ein allzu vertrauter Anblick.

39

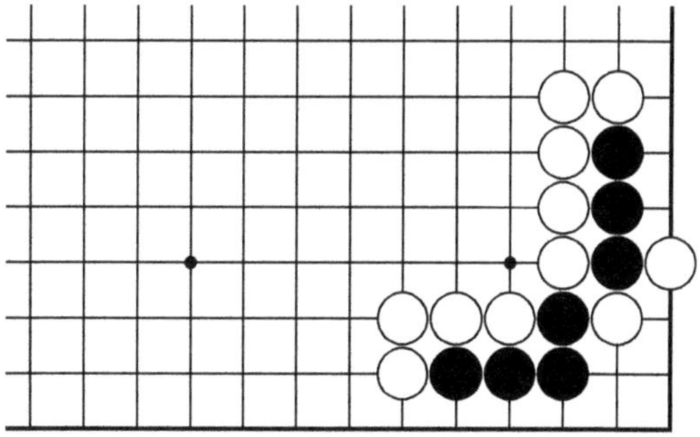

Im Go gibt es Momente, in denen man nachdenken muss. In einer echten Partie sagt einem niemand: "Hier gibt es einen raffinierten Zug!" Das hier aber ist eine Leben-und-Tod-Aufgabe, und in einer solchen gibt es sicher einen geschickten Zug.

40

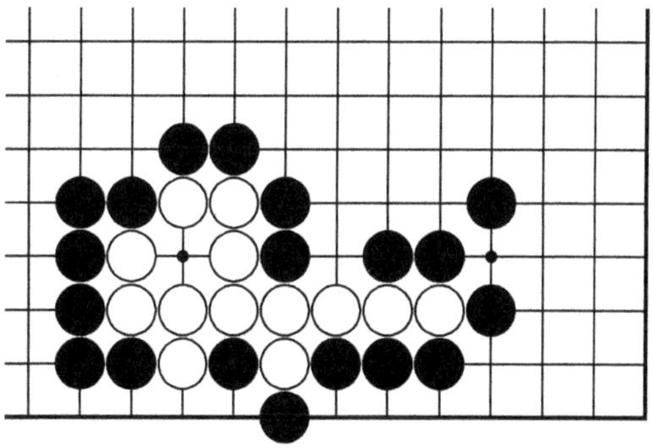

Wir denken gewöhnlich als Erstes darüber nach, was passiert, wenn wir einen normalen Zug spielen. Dann leben hier die weißen Steine. Gibt es aber vielleicht einen Zug, bei dem ein Kō entsteht? Oder gibt es einen noch besseren Zug? Geht man auf diese Weise in Etappen vor, findet man zur richtigen Antwort.

Antwort 39: Einen Schritt vorrücken

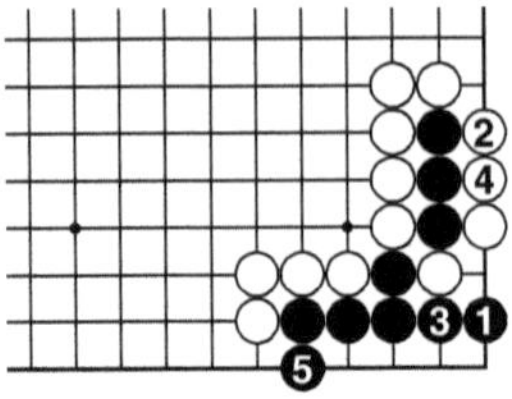

Lösung: Mit Schwarz 1 bis zum Rand des Bretts vorzurücken ist der einzige Weg, um bedingungslos Leben zu schaffen. Ein so ruhiger, gelassener Zug wird sehr wahrscheinlich nicht gespielt. Drei Steine zu opfern und mit den Zügen bis Schwarz 5 zu leben ist ganz schön stark.

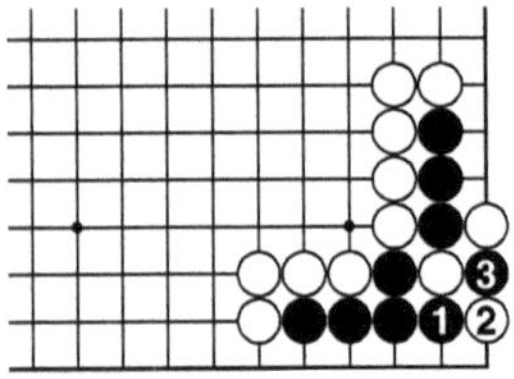

Fehler: Mit dem Atari auf Schwarz 1 sollen die drei schwarzen Steine angebunden und dadurch gerettet werden, aber außer wenn Schwarz viele Kō-Drohungen hat, kann man diese Spielweise nicht in Betracht ziehen. In echten Partien gibt es vielleicht in einem von zehn Fällen diese Option. Selbst wenn Schwarz das Kō gewinnt, kommt Weiß früher oder später dazu, im Tausch für das Kō zwei Züge hintereinander zu spielen. Das dürfte in sehr wenigen Fällen für Schwarz profitabel sein.

Antwort 40: List gegen List

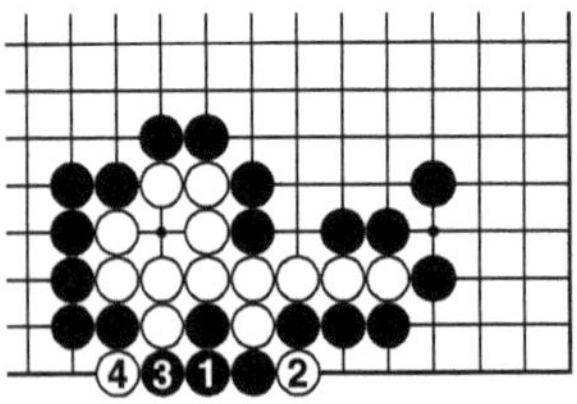

Lösung: Schwarz 1 ist Bestandteil eines weit vorausschauenden Plans. Dieser Zug ist wirklich ausgefuchst. Auf den ersten Blick sieht es so aus, als würde das Einwerfen auf 2 Weiß erlauben, einige Steine zu fangen und ein zweites Auge zu schaffen. Schwarz 3 aber, unter Erhöhung des Opfers auf vier Steine, ist Zauberei am Brettrand. Obgleich Weiß mit 4 vier schwarze Steine schlägt, kann er kein zweites Auge machen, denn Schwarz platziert 5 inmitten des freigewordenen Raumes an der Stelle von 1.

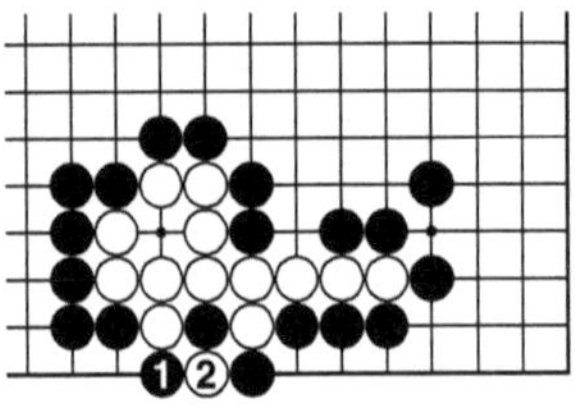

Fehler: Jemand, der das Tesuji im Lösungsdiagramm nicht kennt, wird wohl mit dem Kō sein Bestes versuchen müssen, das mit 1 startet.

41

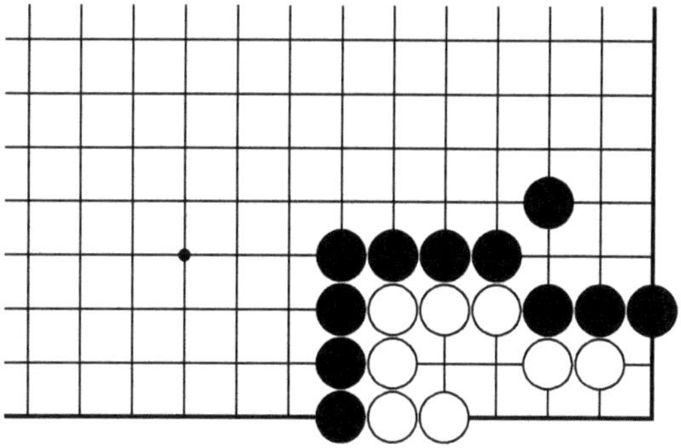

Man mag die Stellung unter die Lupe nehmen wie man will – die weißen Steine scheinen lebendig. Überdenkt man jedoch gründlich die Zugreihenfolge, dann findet sich etwas.

42

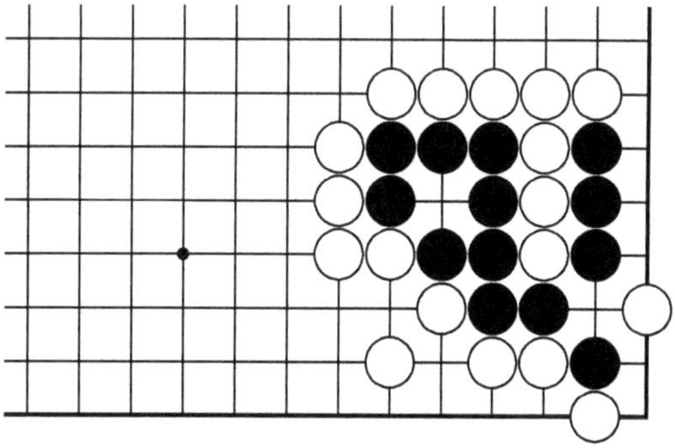

Es sieht so aus, als könne Schwarz leben, egal wie er spielt, aber ich denke, wenn er nicht aufpasst, dann können die schwarzen Steine womöglich sterben. Schwarz muss den Plan von Weiß durchschauen und solide Leben schaffen.

Antwort 41: Doppelte Mausefalle

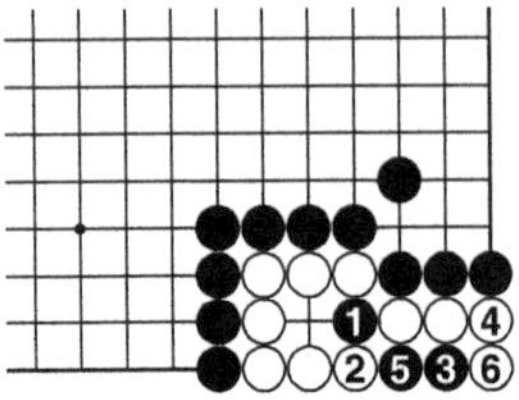

7 auf 5

Lösung: Zuerst schneidet Schwarz mit 1, und wenn dann Weiß mit 2 verteidigt, ist 3 exzellentes Spiel am Brettrand. Spielt Weiß auf 4, dann errichtet nach Schwarz 5 und Weiß 6 Schwarz mit 7 an der Stelle von 5 die doppelte Mausefalle.

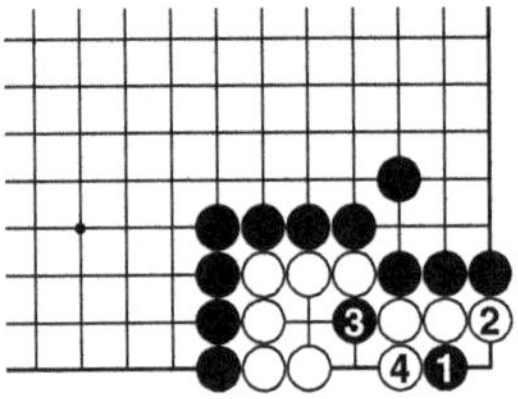

Fehler: Zuerst Schwarz 1 zu spielen ist ein wenig zu voreilig. Wenn Schwarz nun auf 3 spielt, kann Weiß auf 4 spielen, und die weißen Steine leben. Hier haben wir ein Beispiel für den Fall, dass zwar das gleiche Tesuji gespielt wird, aber ein Fehler in der Zugreihenfolge für einen Fehlschlag sorgt.

Antwort 42: Gier ist tabu

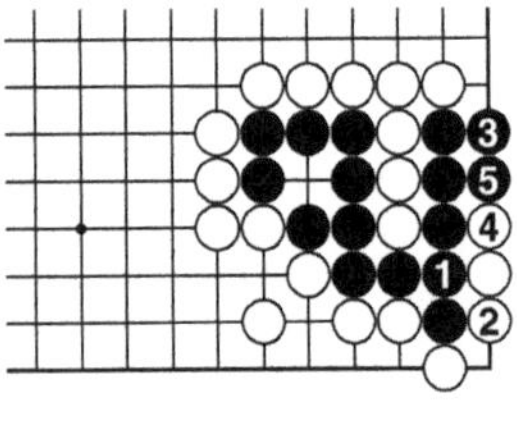

Lösung: Zuerst verbindet Schwarz auf 1 und Weiß verteidigt mit 2. Schwarz 3 stellt daraufhin ein Verfahren am Brettrand dar, das wir bereits kennengelernt haben. Spielt Weiß auf 4, dann lebt Schwarz, indem er mit 5 mindestens drei Steine fängt.

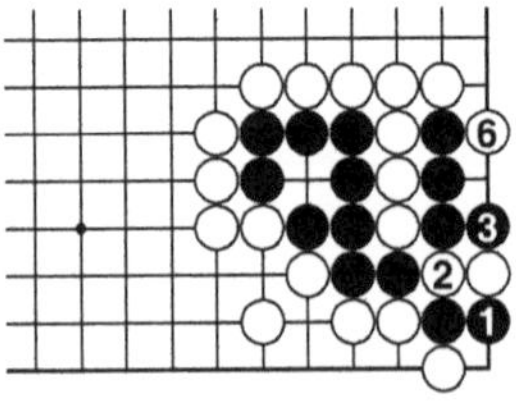

4 auf 2; 5 schlägt

Fehler: Schwarz 1 ist viel zu leichtfertig. Nach Weiß 2 sind die schwarzen Steine in Not. Danach ist der Einwurf von Weiß 4 Vorhand, und Weiß 6 tötet alle schwarzen Steine.

43

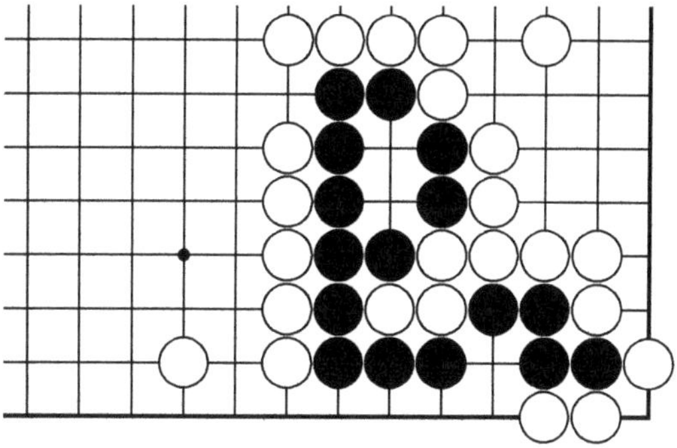

Diese Aufgabe ist aus einem ganz bestimmten Grund ein bisschen schwierig. Welche Spielweise ist für Schwarz die beste?

44

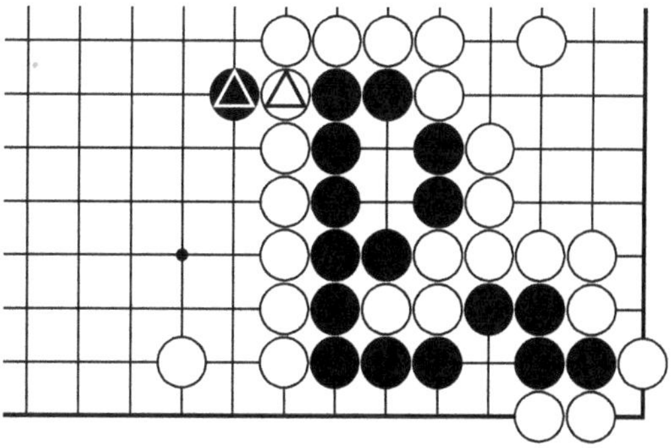

Diese Aufgabe ist die gleiche wie die vorherige, außer dass an den markierten Stellen Schwarz ein Nozoki (Drohung eines Durchstoßes oder Schnitts) gespielt und Weiß verbunden hat. Wie hat sich durch diesen Abtausch die Lage verändert?

Antwort 43: Der Unterschied zwischen Aufgabenstellung und realer Partie

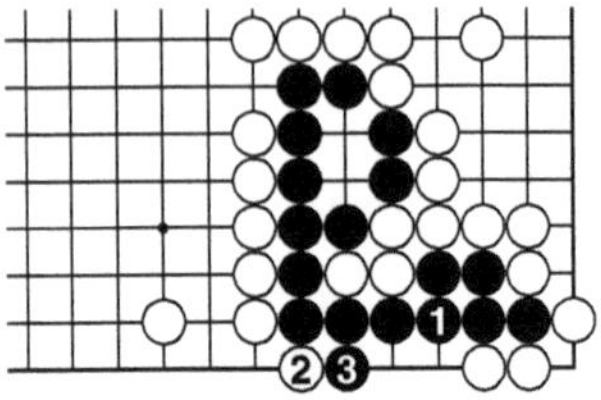

Lösung: Die schwarzen Steine sind nach dem Verbinden mit Schwarz 1 lebendig. In Reaktion auf Weiß 2 schafft Schwarz 3 auf brillante Weise Leben.

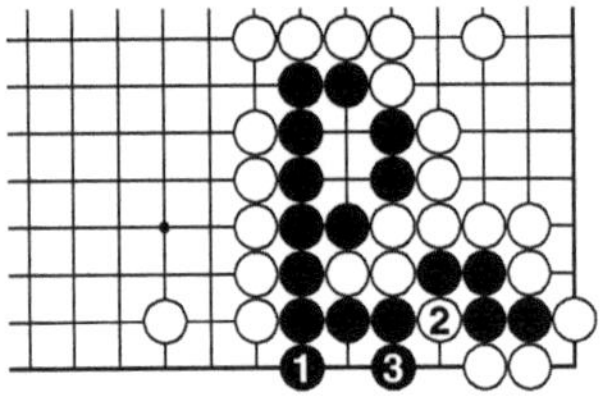

Fast korrekt: Jemand, der in Tesuji gut ist, könnte vielleicht Schwarz 1 spielen, schätze ich. Aber Weiß 2 schlägt vier Steine und erlaubt Schwarz, klein zu leben. In dieser Leben-und-Tod-Aufgabe führen diese Lösungen beide zum Leben, aber in einer realen Partie erhält die erste Lösung die Bestnote. Hier war der Autor ein Schelm und hat deine Aufmerksamkeit auf die Probe gestellt.

Antwort 44: Der Unterschied, den eine Freiheit ausmacht

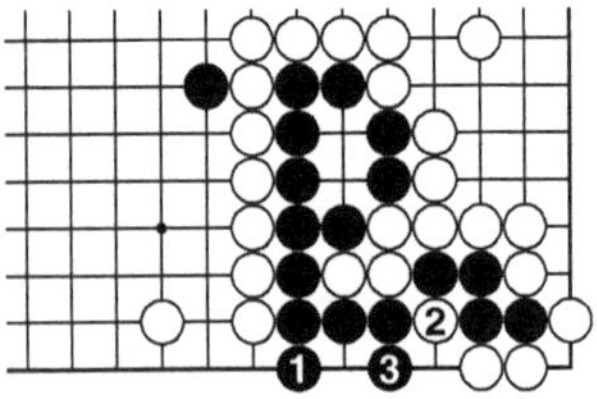

Lösung: Diesmal ist Schwarz 1 ein absolut notwendiges Tesuji. Es gibt sonst keinen Zug, mit dem die schwarzen Steine leben.

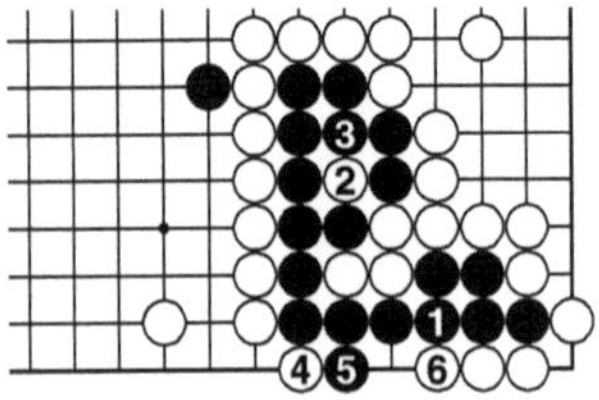

Fehler: Wer meint, dass Schwarz mit dem Zug auf 1 leben kann, unterliegt einem Trugbild. Weiß kann 2 und 4 spielen und auf diese Weise Schwarz einen Mangel an Freiheiten verschaffen. Daraufhin spielt Weiß den trefflichen Zug 6 und tötet die schwarzen Steine. Es ist wichtig, zu erkennen, dass das Besetzen von nur einer Außenfreiheit sich darauf auswirken kann, was für Züge einem zur Verfügung stehen. Für Steine auf dem Brett sind Freiheiten so etwas wie Luft zum Atmen. Du verstehst also, weshalb ist nicht gut ist, sich leichthin eigene Freiheiten zu nehmen.

45

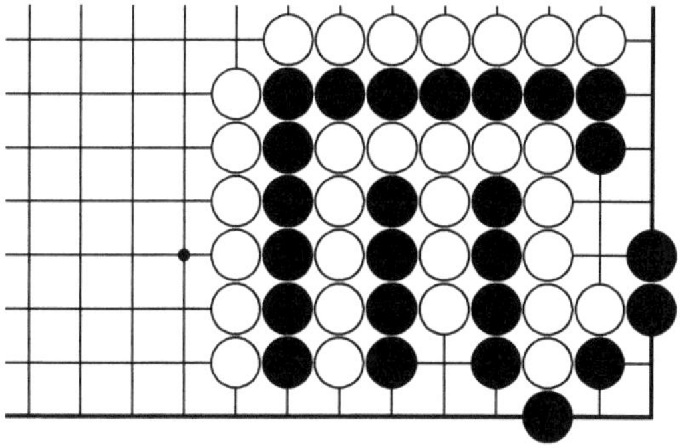

Diese Aufgabe zeigt ein kompliziertes Gebilde. Ich schätze, wer es erstmals zu Gesicht bekommt, ist irriert. Man wundert sich auf den ersten Blick, wo man denn da Augen machen könne, aber es ereignet sich etwas Überraschendes.

46

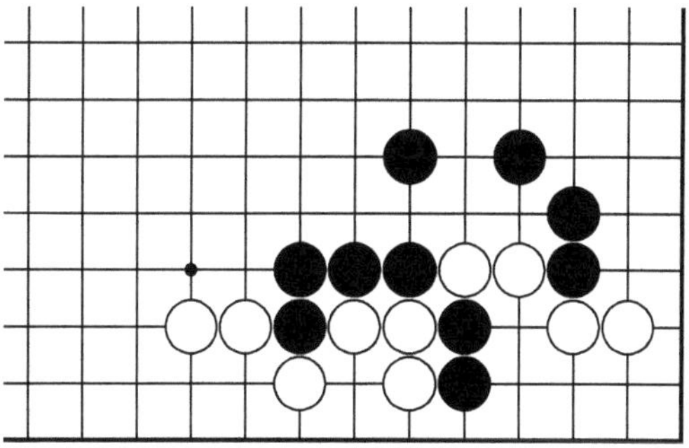

Zwei der schwarzen Steine befinden sich innerhalb des Bereichs, den die weißen Steine umschließen. In der Aufgabe geht es darum, was sich mit ihnen anfangen lässt. Toll wäre, ein paar der weißen Steine abzutrennen und sich die zwei Steine zurückzuholen, aber …

Antwort 45: Leben mit falschen Augen

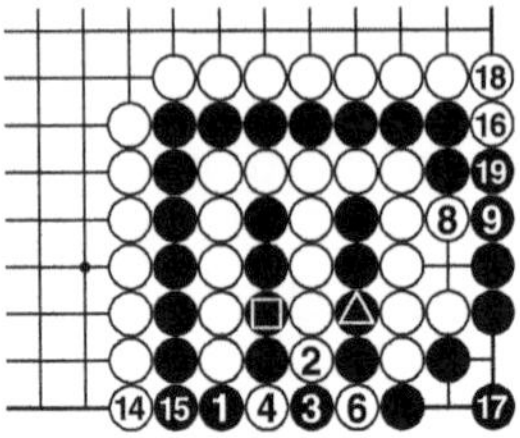

5 schlägt; 7 schlägt;
10 auf ■; 11 verbindet;
12 auf ▲; 13 verbindet

Lösung: Mit 1 versucht Schwarz natürlich unten zu verbinden. Die Augen, die Schwarz schafft, sind falsch, aber wenn Schwarz auf diese Weise rundum verbindet, können unversehens die schwarzen Steine nicht gefangen werden. Das bedeutet, nach den Zügen bis Schwarz 19 kann Weiß schlicht nichts mehr ausrichten. In dieser Stellung stellen die falschen Augen von Schwarz eigentlich keine falschen Augen sondern vielmehr herrliche zwei Punkte Gebiet dar. In alten Zeiten gab man diesem Gebilde den vornehmen Namen "zweiköpfiger Drache".

Antwort 46: Abstieg auf die erste Linie

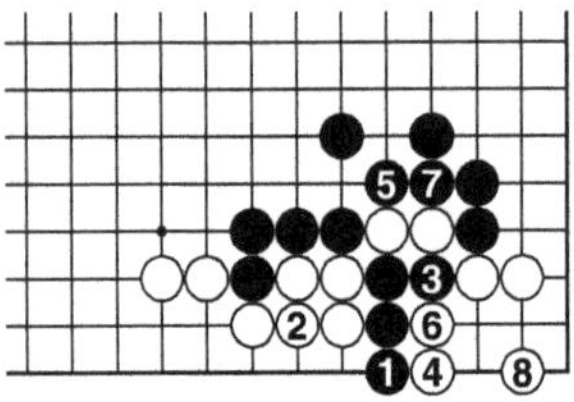

Lösung: Mit Schwarz 1 auf die erste Linie abzusteigen ist ein ziemlich geschickter Zug. Weiß steckt nun in Schwierigkeiten. Weiß 2 verhindert das Einwerfen wie in der im nachfolgenden Diagramm gezeigten Variante, dann jedoch führt Schwarz 3 zum Fang zweier Steine, wie in den Zügen bis Weiß 8.

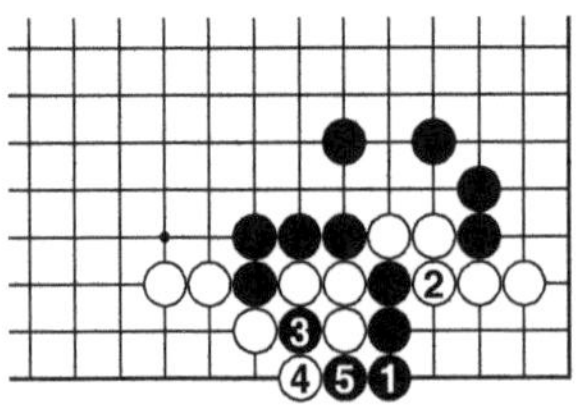

Variante: Wenn Weiß nach Schwarz 1 mit 2 verbindet, spielt Schwarz natürlich 3 und 5. Weiß hat keine Gegenwehr. Das Entstehen dieser Form überhaupt zuzulassen war der Fehler.

47

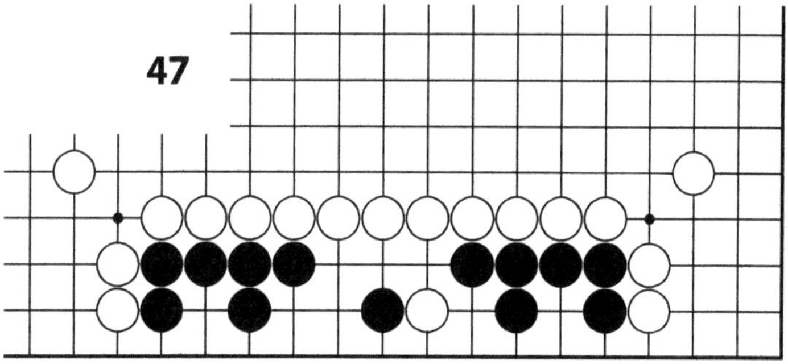

Um die schwarzen Steine voneinander zu trennen, ist Weiß dem Sprichwort gefolgt, man solle am Rösselsprung überquer anlegen. Wie es scheint, stehen Schwarz viele Erwiderungen zur Auswahl. Am Besten wäre, wenn du beide Seiten retten könntest, aber …

48

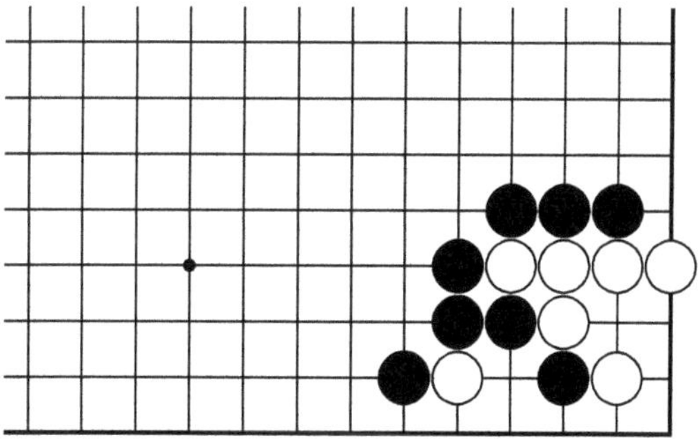

Wie soll man die weißen Steine in der Ecke angreifen? Zumindest sollte man ihnen nicht zum Leben verhelfen.

Antwort 47: Drahtseilakt

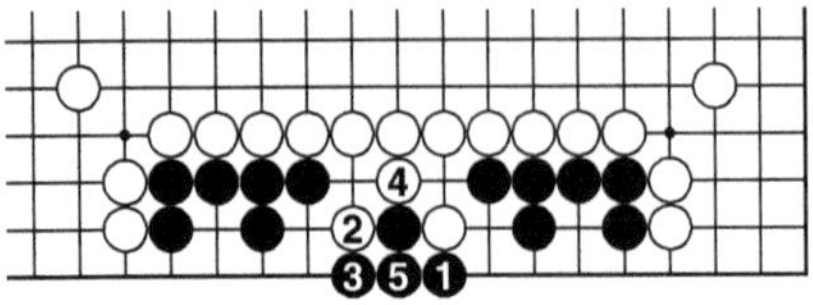

Lösung: Es heißt, man solle den überquerenden Stein abschneiden, aber in diesem Fall spielt Schwarz auf 1 und trennt den weißen Stein nicht ab. Auf Weiß 2 antwortet Schwarz mit 3. Spielt Weiß dann 4, verbindet Schwarz mit 5 und bildet damit eine regelrechte Steinreihe auf der ersten Linie. Unversehens sind seine Steine auf diese Weise verbunden, und beide Seiten leben.

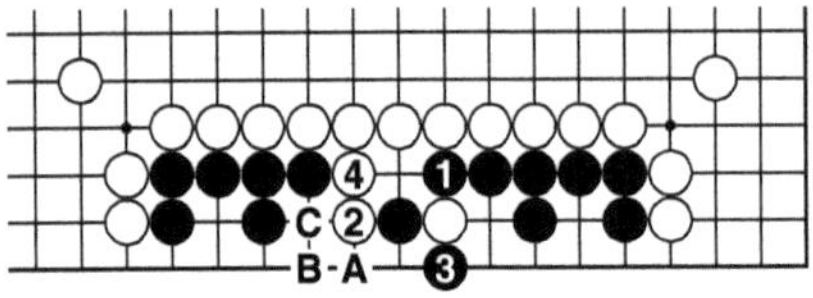

Fehler: Jeder würde wohl gerne Schwarz 1 spielen, jedoch würde man damit dem Plan von Weiß folgen. Weiß spielt 2 und 4 und trennt die schwarzen Steine voneinander. Natürlich spielt Schwarz nun 3, um den Steinen rechts Leben zu verschaffen. Später kann Schwarz sich zum Ziel nehmen, Schwarz A, Weiß B, Schwarz C zu spielen und so ein Kō zu erzeugen, um damit die schwarzen Steine links zu retten. Wenn Schwarz aber das Kō verliert, ist alles verdorben, daher ist die Zugfolge in diesem Diagramm ein Fehler.

Antwort 48: Verzweiflung

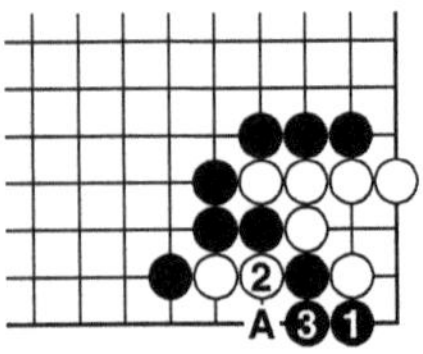

Lösung: Das Hane mit Schwarz 1 erscheint wie ein letzter, verzweifelter Versuch. Aber es ist in der Tat ein gängiges Verfahren, das es sich anzueignen lohnt. Nach Weiß 2 verbindet Schwarz auf 3, und die weißen Steine können bedingungslos gefangen werden. Weiß 2 und der Stein links davon haben zu wenig Freiheiten, und daher kann Weiß nach Schwarz 3 nicht auf A spielen.

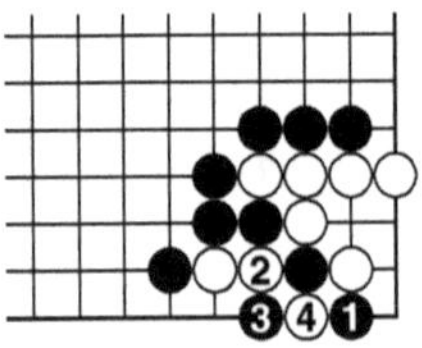

Fehler: Schwarz ist mit dem guten Zug auf 1 der Einstieg gelungen, aber auf Weiß 2 mit Schwarz 3 zu antworten führt lediglich zu einem Kō.

49

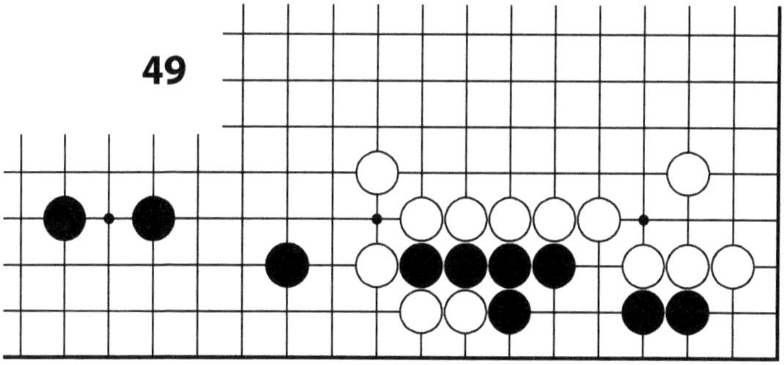

Diese Stellung hat sich in einer Profi-Partie ergeben. Nun ist die Aufgabe nicht besonders schwierig. Aber die beiden Spieler sahen Gespenster, und so kam es zu einem merkwürdigen Resultat. Was würdest du mit den sieben schwarzen Steinen rechts unten anfangen?

50

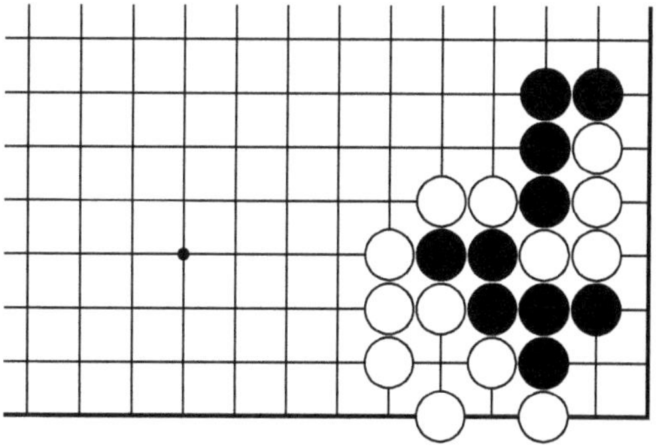

Ein Wettlauf um Freiheiten hat begonnen. Schwarz ist am Zug, aber welcher ist der richtige?

Antwort 49: Schwarz kann leben

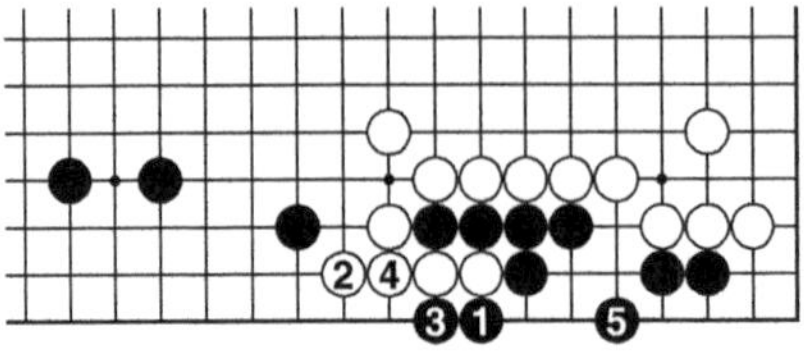

Lösung: Wenn Schwarz das Hane auf 1 spielt und dann den Diagonalzug auf 5, dann kann er ohne weiteres leben. Man wird konstatieren müssen, dass diese Züge nichts Besonderes an sich haben, beide Spieler jedoch standen unter dem Eindruck, hier sei nichts zu machen. Genau deshalb handelt es sich in diesem Fall bei Schwarz 1 und 5 um Zauberei am Brettrand.

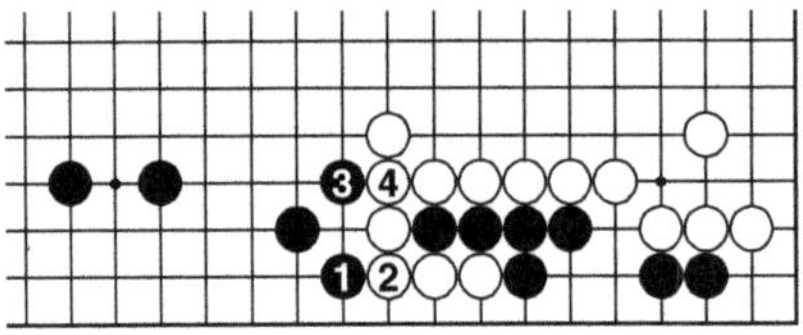

In der gespielten Partie nahm Schwarz mit 1 und 3 auf der linken Seite Profit und ließ die schwarzen Steine rechts sterben. Das ist natürlich ein Reinfall.

Antwort 50: Schwarz gewinnt um einen Zug

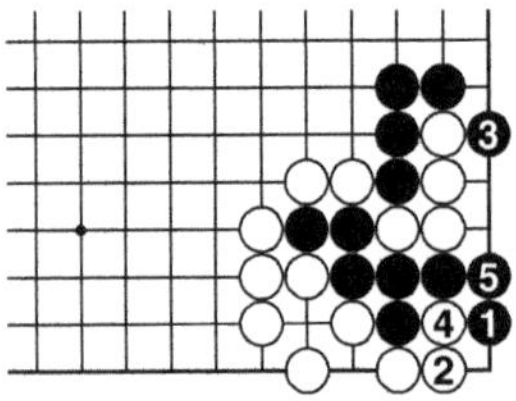

Lösung: Schwarz spielt den Diagonalzug auf 1. Das ist eines der Tesuji fürs Gewinnen von Wettläufen um Freiheiten. Weiß muss 2 spielen, und nach Schwarz 3 und 5 kommt die spezielle Eigenheit des Eckpunkts zum Tragen, aufgrund derer Weiß nicht auf dem 1-1-Punkt spielen kann. Diese Aufgabe ist ein Musterbeispiel dafür, wie man ein Tesuji auf der ersten Linie und die spezielle Eigenheit des Eckpunkts nutzt.

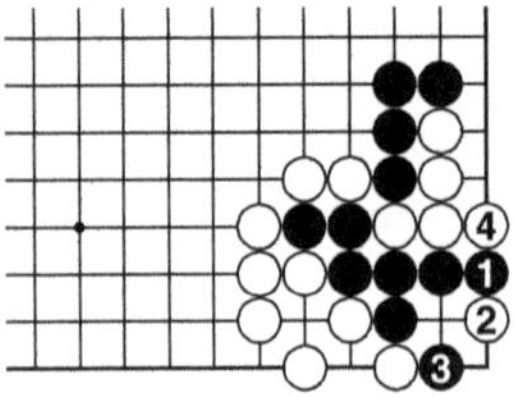

Fehler: Schwarz 1 ist auch eine schöne Methode, aber Weiß besetzt mit 2 den vitalen Punkt, und es entsteht ein Kō.

51

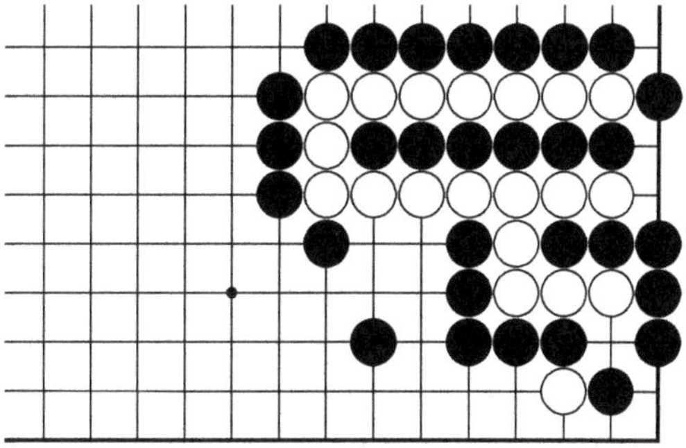

Sind die weißen Steine tot oder lebendig? Es gibt in diesem Diagramm zwar einen Haufen Steine, aber so schwierig ist es gar nicht. Lediglich der fünfte Zug ist so etwas wie ein Tesuji am Brettrand.

52

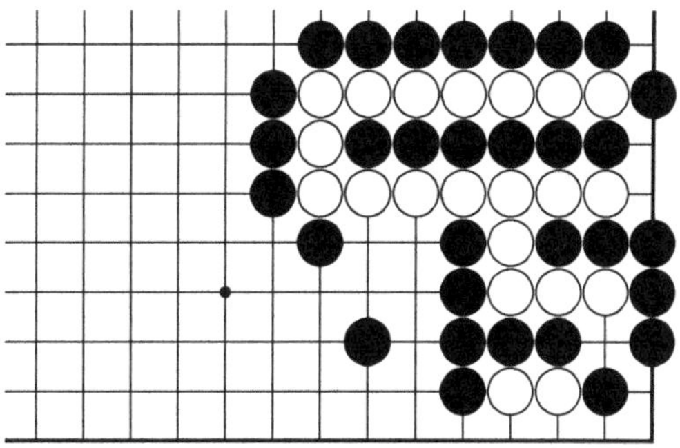

Worin liegt der Unterschied zwischen dieser Aufgabe und der vorigen? Es ist nur ein kleiner, aber es ist interessant, wie er sich auf das Resultat auswirkt.

Antwort 51: Kō auf dem 1-1-Punkt

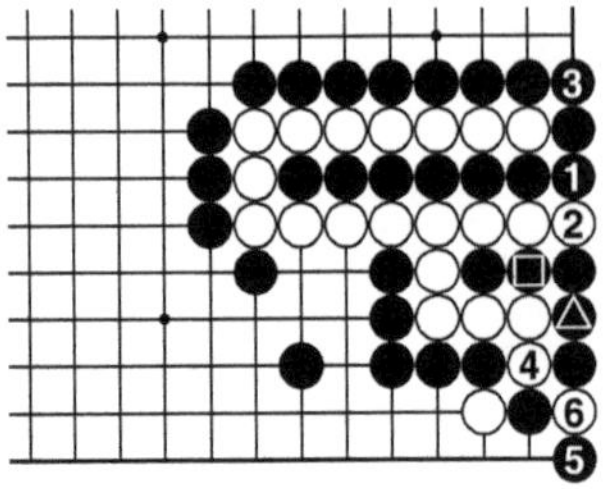

7 schlägt; 8 auf ▲; 9 auf ■, 10 auf 6

Lösung: Willst du den weißen Steinen an den Kragen, dann erklären sich Schwarz 1 und 3 von selbst, aber wenn dann Weiß 4 spielt, ist Schwarz 5 ein notwendiger Zug. Mit ihm lässt sich etwas anstellen. Wenn Weiß 8 spielt, dann spielt Schwarz 9 innen und erzeugt eine tote Form, und Weiß startet mit 10 das Kō. Das ist die korrekte Antwort bei dieser Aufgabe. Die Zugfolge ist zwar recht lang, aber entscheidend ist der diagonale Zug auf den 1-1-Punkt mit Schwarz 5. Dinge wie diesen Zug gibt es im Laden am Brettrand zu entdecken. Das war erstaunlich einfach.

Antwort 52: Diesmal bedingungslos

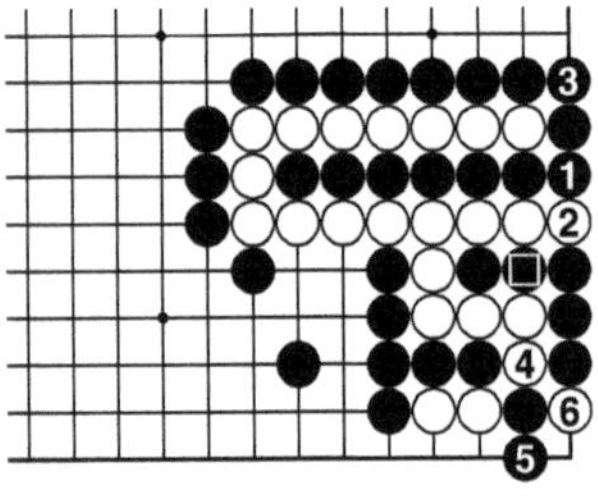

7 wirft ein; 8 schlägt; 9 auf ■

Lösung: Bis Weiß 4 läuft alles genauso ab wie in der vorigen Aufgabe. Hier jedoch ist Schwarz 5 ein guter Zug. Weiß kann nicht links neben 5 spielen, also schlägt Weiß mit 6 fünf Steine. Dann wirft Schwarz auf 7 ein, und mit 9 sind die weißen Steine erfolgreich zur Strecke gebracht.

53

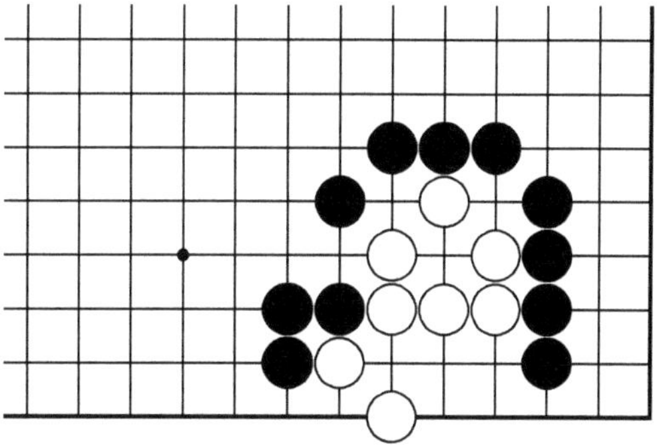

Um die weißen Steine hier anzugreifen, gehen wir ausführlich die Zugreihenfolgen durch. Das mag uns verbohrt erscheinen, aber diese Stellung ist in der Tat eine unerwartet heikle.

54

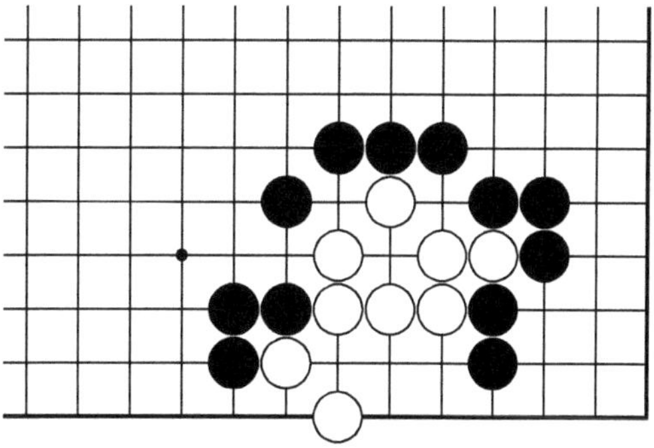

Verglichen mit der vorigen Aufgabe hat sich offenbar alles um eine Linie nach links verschoben. Du musst herausfinden, welchen Unterschied diese Verschiebung um eine Linie ausmacht.

Antwort 53: Widerstand hemmen

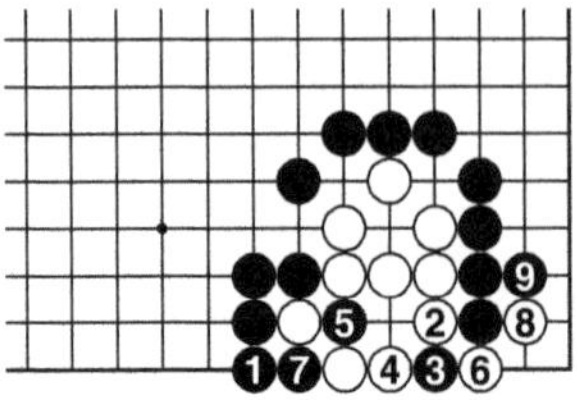

Lösung: Der Abstieg mit Schwarz 1 ist ein besonnener Zug. In der Zugfolge bis Schwarz 9 kann Weiß keine zwei Augen machen, egal was er versucht.

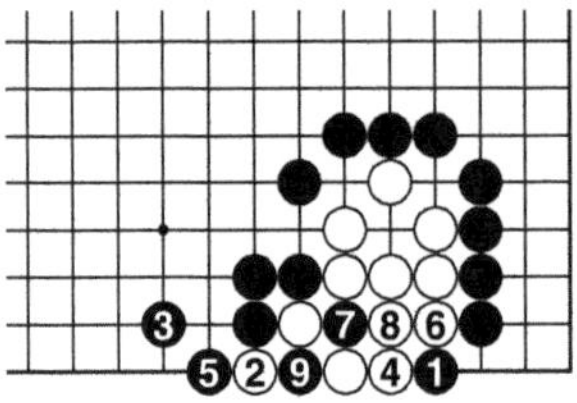

Fehler: Schwarz 1 hier sieht gut aus, aber auch Weiß ist ein kluger Mensch und spielt mit 2 Hane. Da dieses Hane ein Zwingzug ist, sind die weißen Steine nicht mehr einfach tot. Das Resultat nach den Zügen bis 9 ist ein Kō. Um den Widerstand durch dieses Kō auszuschließen muß Schwarz auf dem Punkt von 1 im Lösungsdiagramm spielen. Das Besetzen dieses Punktes entscheidet zwischen bedingungslosem Tod und Kō.

Antwort 54: Diesmal Kō

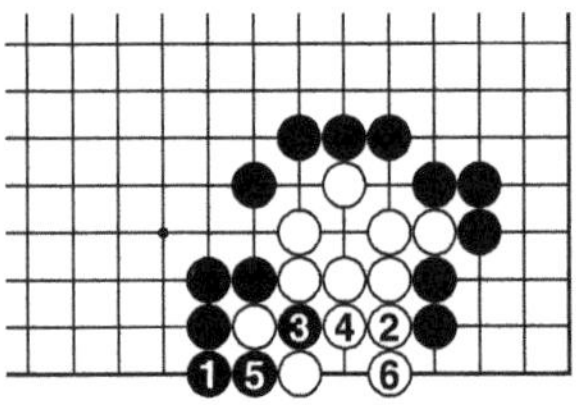

Lösung: Der Abstieg mit Schwarz 1 ist ohnehin ein Tesuji. Das Kō, das sich nach Weiß 2 bis Weiß 6 ergibt, ist die korrekte Antwort.

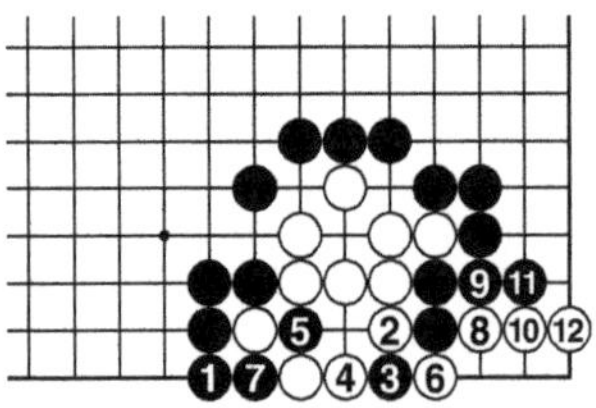

Fehler: Ein bedingungsloser Fang, indem man mit Schwarz 3 und 5 Weiß ein Auge nimmt, wird nicht gelingen. Weil die Stellung um eine Linie nach links verschoben ist, kann Weiß mit den Zügen 8 bis 12 ein Auge in der Ecke machen.

Es gibt beim Durchrechnen Standard-Tesuji, der Teufel steckt jedoch im Detail. Schwarz 3 und 5 im Fehlerdiagramm sind Standard-Tesuji fürs Stehlen von Augen, aber man muss die Lage drumherum genau inspizieren, so wie hier.

55

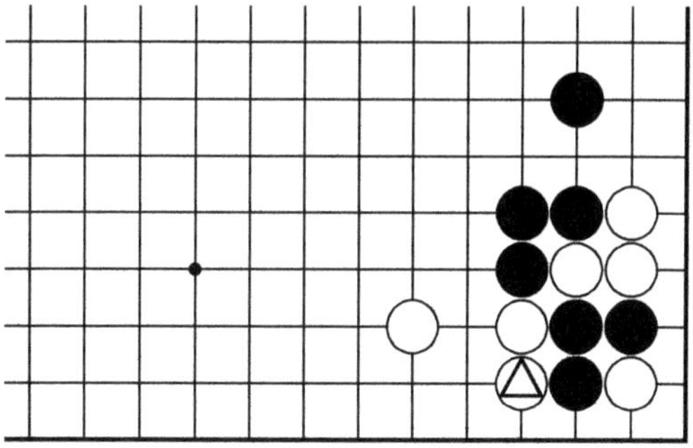

Diese Stellung hat sich in einer Variante eines Joseki ergeben. Der markierte Stein wurde zuletzt gespielt. Schwarz ist also am Zug, wie soll er spielen?

56

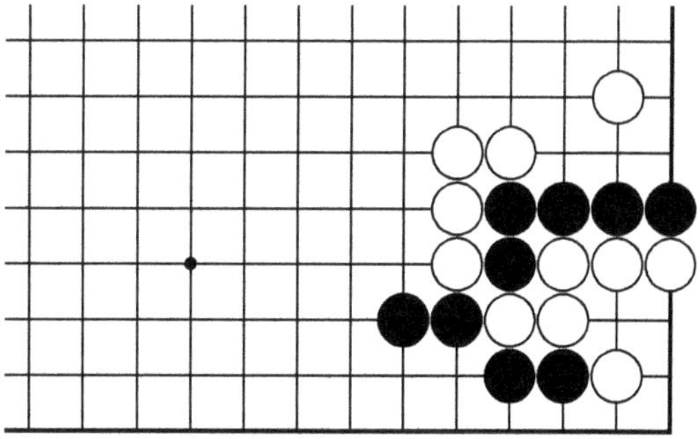

In der Ecke findet ein Wettlauf um Freiheiten statt. Je nach dem, wie du spielst, kann er unterschiedlich ausgehen. Schwarz ist am Zug – was meinst du?

Antwort 55: Vorkehrungen

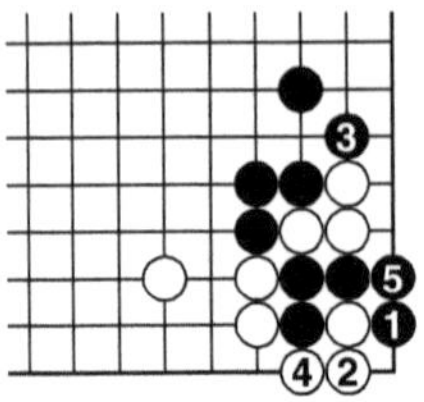

Lösung: Zuerst ist das Atari mit Schwarz 1 notwendig. Weiß 2 trifft Vorkehrung für einen Fehler von Schwarz. Schwarz lässt die unmittelbare Ecke jedoch stehen und blockt mit 3. Das ist die korrekte Antwort. Schwarz profitiert nach 5 von der speziellen Eigenheit des Eckpunkts und gewinnt das Rennen um einen Zug.

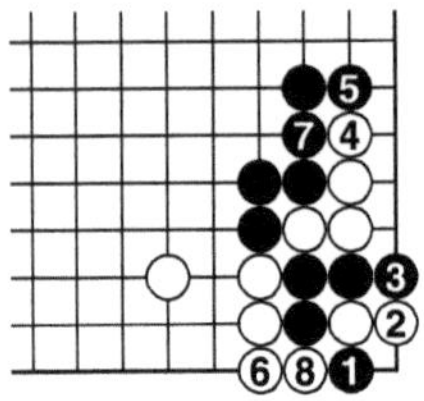

Fehler: Mit Schwarz 1 von dieser Seite Atari zu spielen ist die falsche Richtung. Wie du nachprüfen kannst, gewinnt Weiß nach den Zügen bis Weiß 8 das Rennen um einen Zug.

Antwort 56: Ein Tesuji aus dem Bilderbuch

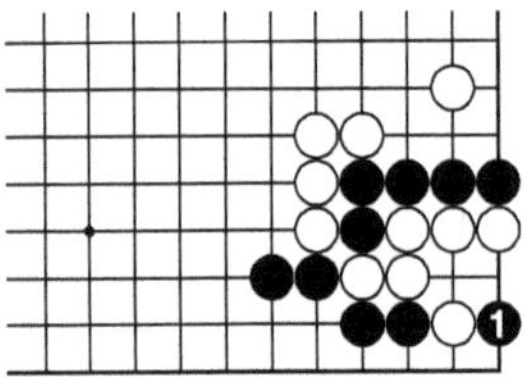

Lösung: Schwarz 1 ist eine Klammer, ein Tesuji aus dem Bilderbuch. Danach kann Weiß nichts mehr ausrichten. Wenn du diesen geschickten Zug nicht kennst, …

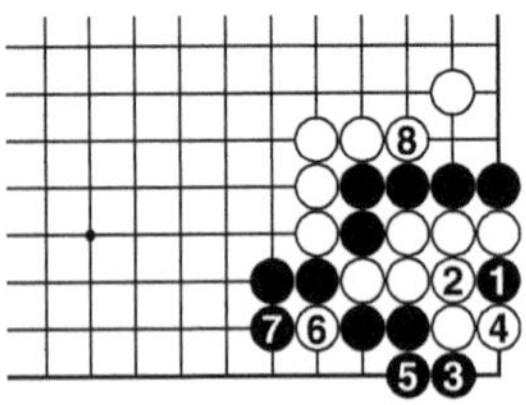

Fehler: Es gibt wohl viele, die mit Schwarz 1 und 3 Atari und nochmal Atari spielen würden. Anstatt zu sagen, das Weiß in diesem Diagramm gewinnt, sagt man hier besser, dass Schwarz verliert. Schwarz hätte gewinnen können, aber leider … Tesuji oder vulgärer Zug: das ist ein Unterschied wie zwischen Himmel und Erde.

57

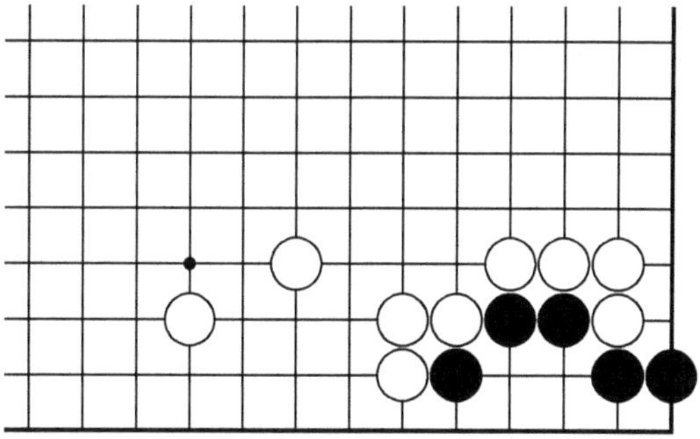

In dieser Aufgabe geht es nicht um Leben oder Tod, aber es gibt einen Grund dafür, dass wir sie hier anbringen. Schwarz ist am Zug; wie würdest du spielen? Können wir sagen, die Lage ist eindeutig? Ja, sie ist entschieden.

58

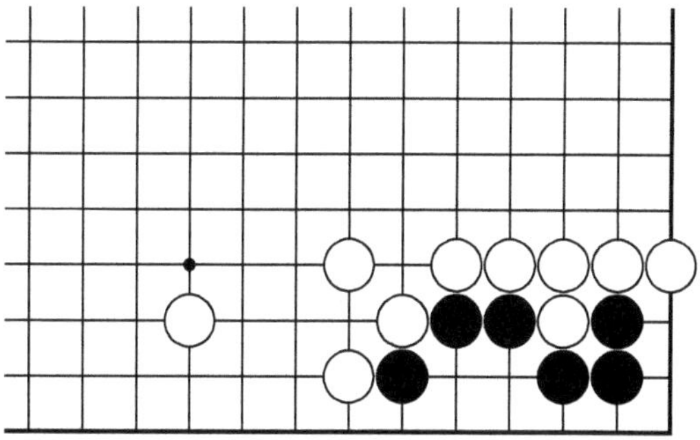

Wie würdest du nun hier spielen? Bei dieser Aufgabe verhält es sich ein wenig anders als bei der vorherigen. Woran liegt das?

Antwort 57: Eine Differenz von zwei Punkten

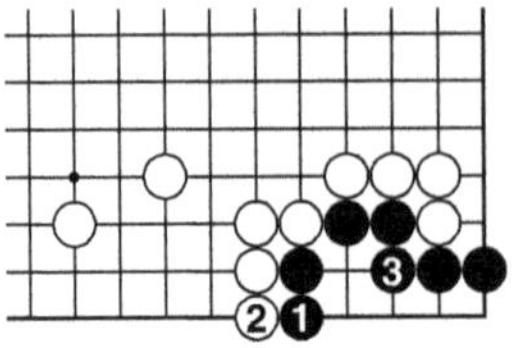

Lösung: Mit Schwarz 1 zum Rand des Bretts hinabzusteigen und nach Weiß 2 mit Schwarz 3 zu verbinden sind Endspielzüge, wie sie Profis spielen. Das schwarze Gebiet zählt fünf Punkte.

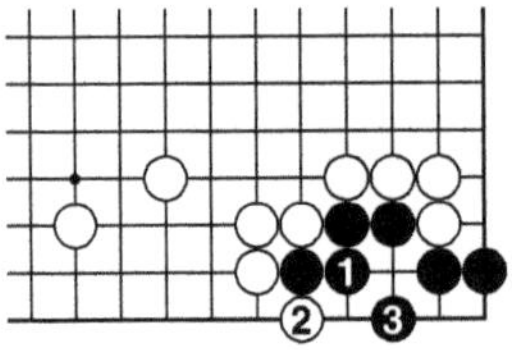

Fehler: Jeder kann Schwarz 1 hier spielen, aber das ist der Endspielzug eines Anfängers. Schwarz hat ein Gebiet von nur drei Punkten. Durch flüchtiges Spiel hat Schwarz zwei Punkte verloren.

Diese Art von Verlust kann sich summieren, daher sollten wir versuchen, uns anzugewöhnen, korrekte Endspielzüge zu spielen. Trotz des enormen Unterschieds zwischen Profi und Anfänger kann bei etwas so Kleinem wie dieser Endspielaufgabe ein Anfänger zum Profi werden. Und wenn dann der ganz seltene Fall einträte, dass du einen Partieverlust um einen Punkt in einen Sieg um einen Punkt verwandeln könntest – das wäre doch toll, oder nicht?

Antwort 58: Umsicht walten lassen

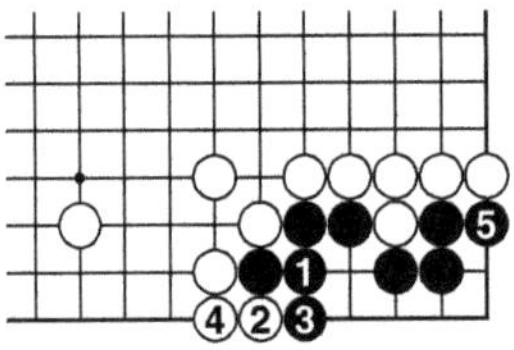

Lösung: Diesmal muss Schwarz mit 1 sicher leben. Nach Weiß 2 und 4 erleidet Schwarz mit 5 keinen Verlust an Punkten. Es bleibt aber noch etwas Wichtiges zu sagen.

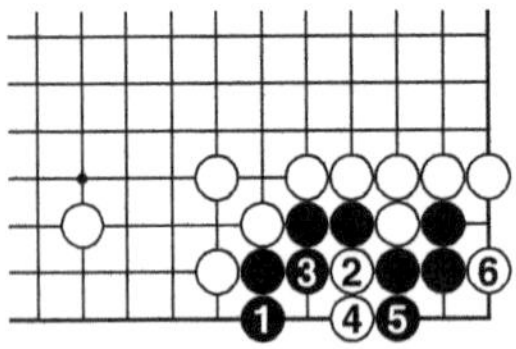

Fehler: Versuchst du mit Schwarz 1 den Profi-Zug zu spielen, öffnet dies dem Schrecken von Weiß 2 und 4 das Tor. Nach Weiß 6 sind die schwarzen Steine vernichtet. Dass man sich vorne und hinten, links und rechts vergewissern soll, gilt nicht nur wenn man mit dem Auto über die Kreuzung fährt.

59

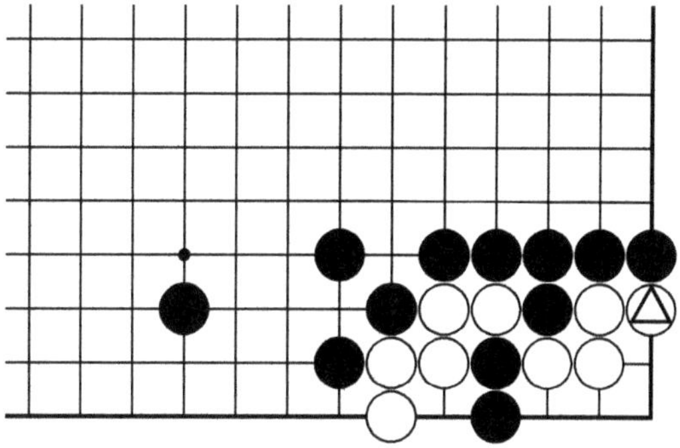

Weiß zeigt sich soeben mit dem markierten Zug als hartnäckig. Hinter dem Zug steckt das Vorhaben, den Schwanz von fünf Steinen abzustoßen. Was kann Schwarz hier ausrichten?

60

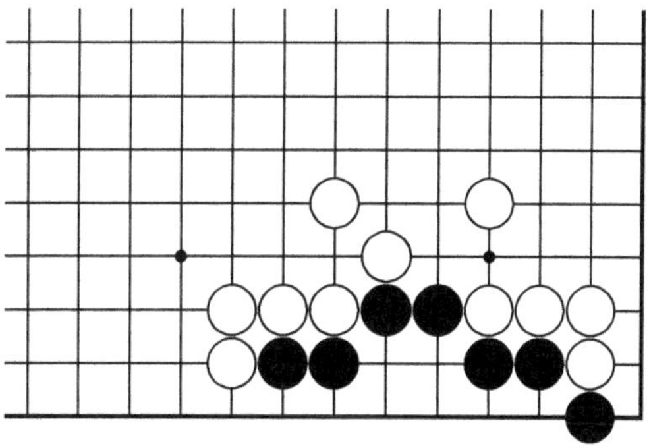

Mit dieser Aufgabe schließen wir den Kurs mittlerer Stufe ab. Inzwischen bist du zweifelsohne ein ausgezeichneter Lehrling der Zauberei am Brettrand, und wenn du nun diese Aufgabe löst, kannst du mit Zuversicht den Kurs für Fortgeschrittene angehen.

Antwort 59: Das Aufblitzen eines brillanten Zuges

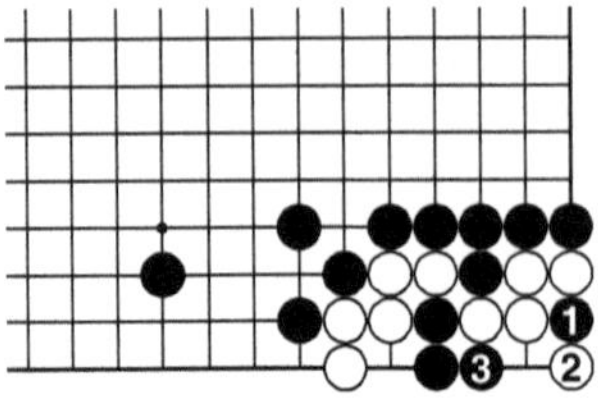

Lösung: Schwarz 1 ist ein brillanter Zug am Brettrand. Für die, die ihn nicht kennen, muss der Zug wie Zauberei wirken. Nach Weiß 2 rückt Schwarz gelassen vor auf 3. Damit sind die weißen Steine vernichtet.

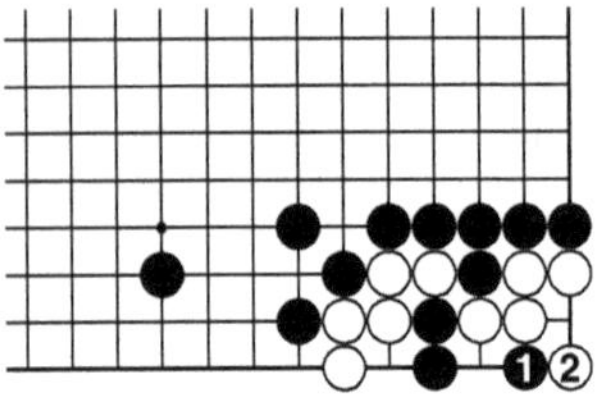

Fehler: Manche kommen vielleicht darauf, Schwarz 1 zu spielen, aber wenn Weiß auf 2 einwirft, wird es ein Kō. Wir wollen hier Schwarz einen Preis für sein Bemühen geben, aber man muss es als Misserfolg bezeichnen.

Antwort 60: Auf der ersten Linie geschehen Wunder

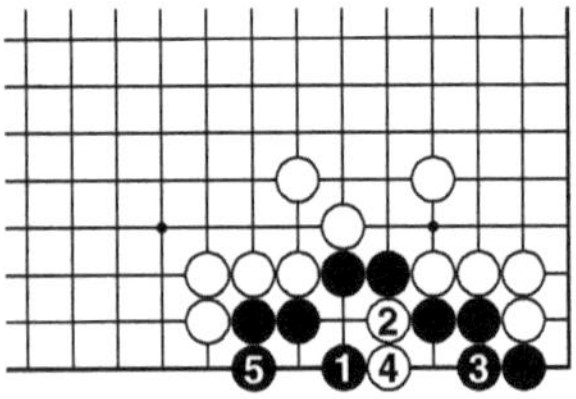

Lösung: Die hängende Verbindung mit Schwarz 1 ist der erste Schritt zur Lösung. Wenn Weiß dann auf 2 spielt, muss Schwarz mit 3 verbinden. Nach 5 sind Schwarz zwei Augen sicher. Aufgrund der speziellen Eigenheit des Eckpunkts kann Weiß nicht auf dem 1-1-Punkt Atari spielen.

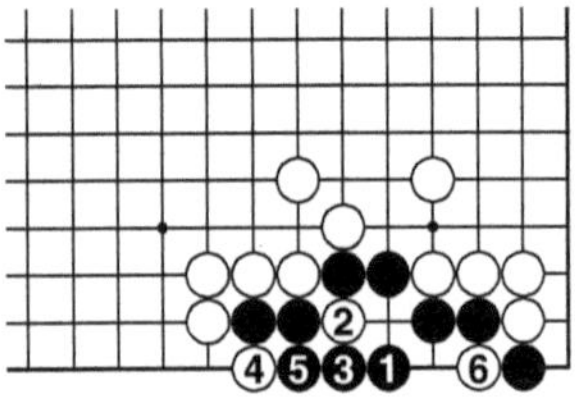

Fehler: Schwarz 1 bildet auch hier eine hängende Verbindung, aber der Schnitt mit Weiß 2 stiehlt in Vorhand ein Auge, und nach Weiß 6 sind die schwarzen Steine tot.

Zaubern für Fortgeschrittene
(1 Kyū bis Dan-Niveau)

61

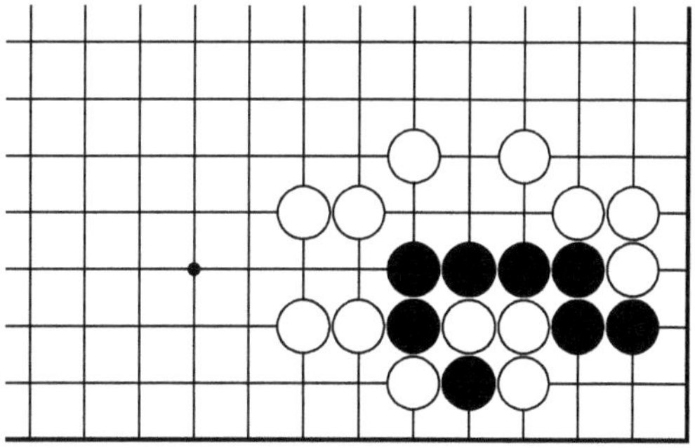

Ab hier befinden wir uns im Kurs für fortgeschrittene Spieler. Du erwartest vielleicht, dass da ein paar harte Brocken auf dich zukommen, aber wie du sehen wirst, ist es halb so wild.

Betrachte die schwarzen Steine in dieser Aufgabe. Leider sieht es so aus, als könne man für die nichts tun, aber irgendetwas muss Schwarz unternehmen. Die Frage ist, wie man den einen schwarzen Stein in Atari nutzt.

62

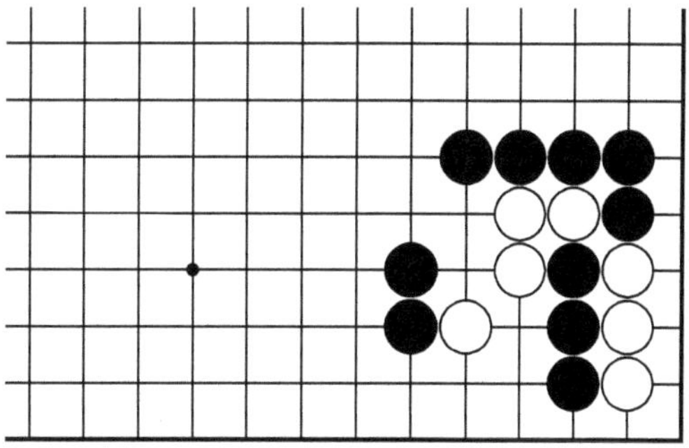

Diese Aufgabe kann sich durchaus hin und wieder in einer realen Partie stellen. Wenn du geschickt zu Werk gehst lassen sich alle weißen Steine mit gutem Aji fangen.

Antwort 61: Hane am Brettrand

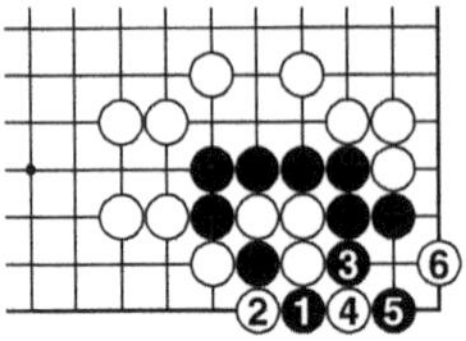

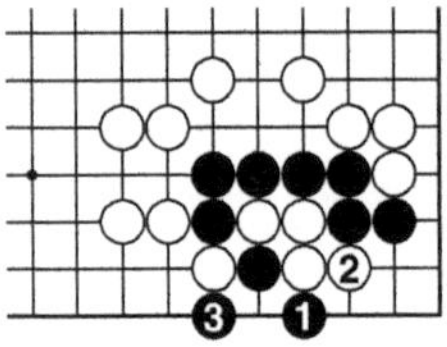

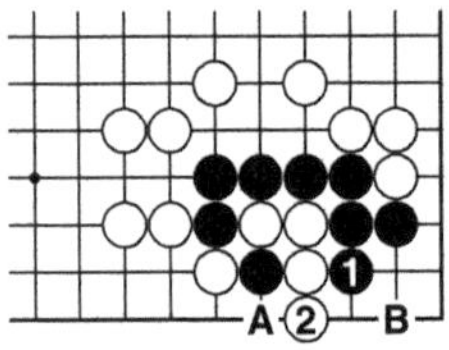

Lösung: Schwarz 1, ein Hane auf der ersten Linie, ist ein schlauer Zug. Wenn Weiß mit 2 schlägt, spielt Schwarz 3 und erzeugt gerade noch so ein wenig Aji. Spielt Weiß 4 folgt Schwarz 5. Setzt Weiß beharrlich den Versuch zu töten fort und spielt das Oki auf 6, kann Schwarz als nächstes das Kō schlagen. Ein Kō herauszuholen stellt für Schwarz einen Erfolg dar.

Variante: Spielt nach Schwarz 1 Weiß auf 2, erhält Schwarz mit 3 noch immer ein Kō. Im Endeffekt kann Schwarz, wenn er ein Hane am Brettrand spielt, etwas daraus machen, egal was Weiß tut.

Fehler: Spielt Schwarz mit 1 zuerst Atari, geht er womöglich davon aus, dass wenn Weiß auf A schlägt, er entweder leben kann oder mit einem Zug auf B ein Kō erzeugen. Aber diese Zugfolge beruht auf Wunschdenken; antwortet Weiß auf 2, ist alles Aji zunichte. An der Stelle von Weiß 2 liegt für beide Parteien der vitale Punkt.

Antwort 62: Zwei Züge in Folge auf der ersten Linie

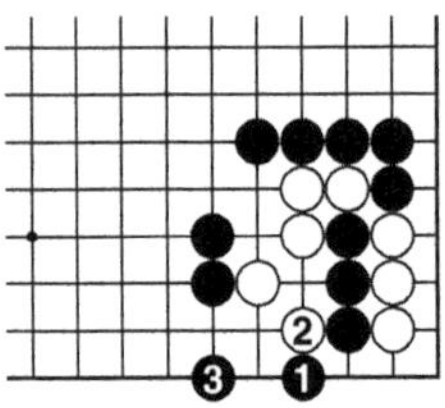

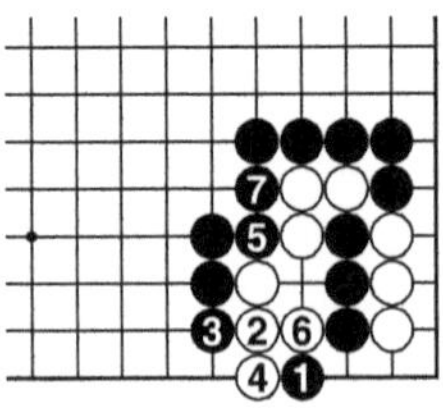

Lösung: Hast du den Diagonalzug auf Schwarz 1 gefunden, dann hast du bereits 80 Prozent der Lösung. Spielt Weiß auf 2, ist der einpunktige Sprung auf Schwarz 3 ein behänder Zug. Die Situation mit einem Seiltanz auf der ersten Linie zu klären ist ein sehr schönes Gefühl.

Variante: Versucht Weiß sich mit 2 und 4 durchzusetzen, erzeugt Schwarz mit 5 und 7 ein Oiotoshi.

63

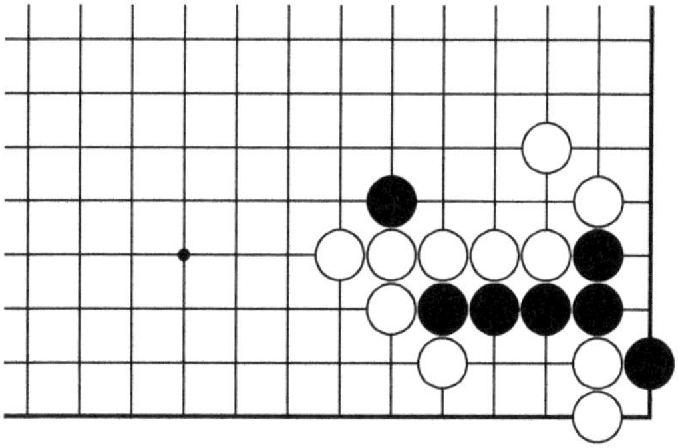

Irgendetwas muss man für die schwarzen Steine tun, unachtsames Timing jedoch führt leicht zum Fehlschlag. Auch diese Aufgabe könnte sich ohne Weiteres in einer echten Partie ergeben.

64

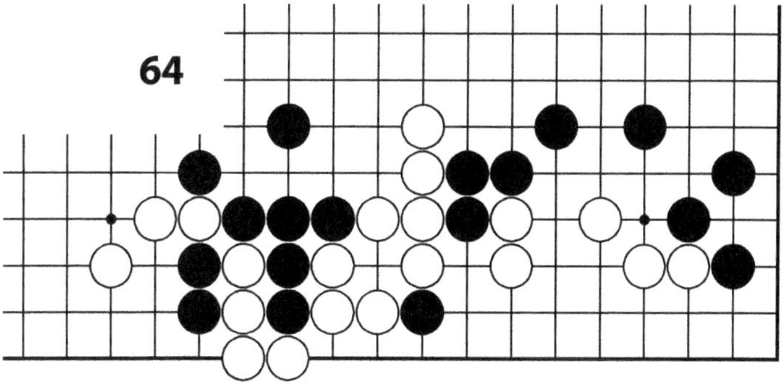

Das ist eine Stellung aus einer echten Partie. Ihr Aufbau besteht aus einer großen Anzahl von Steinen, aber es gibt nur einen vitalen Punkt. Wenn du geschickt spielst, kannst du dem weißen Gebiet am unteren Rand Schaden zufügen.

Antwort 63: Ein eleganter Sprung

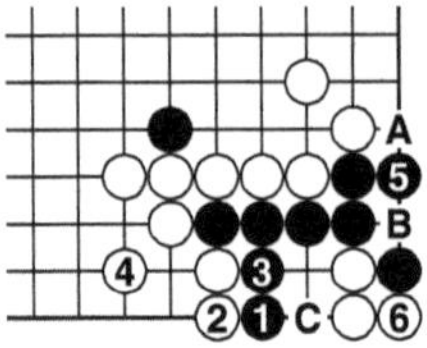

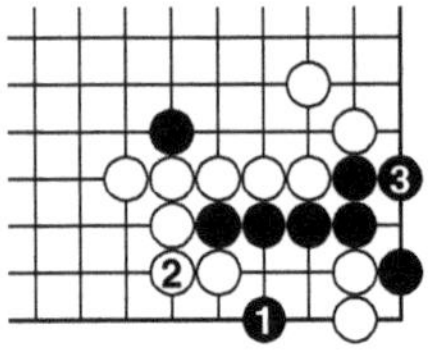

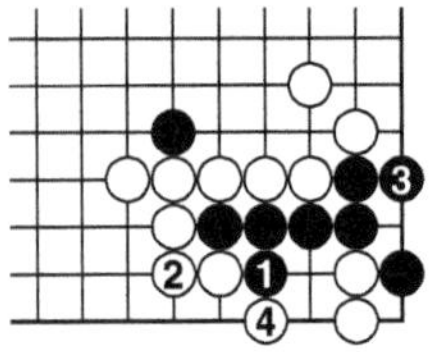

Lösung: Der Sprung auf Schwarz 1 ist ein eleganter Zug. Danach gibt es für Weiß keine Möglichkeit mehr, die schwarzen Steine bedingungslos zu töten. Mit Weiß 2 eine Freiheit zu nehmen ist wichtig. Schwarz 3 zwingt Weiß mit der Verbindung auf 4 zu decken. Durch Weiß 6 entsteht ein ewiges Kō. Wenn später die Freiheit auf A besetzt ist, kann Weiß das Kō auf Weiß B sowie Weiß C ins Auge fassen. Hat Weiß jedoch nicht genug Kō-Drohungen, kann er mit einem Seki einen Kompromiss schließen.

Fragwürdig: In vielen Büchern wird hier empfohlen, mit Weiß 2 zu verbinden. Das jedoch erlaubt den schwarzen Steinen bedingungslos zu leben – ein Resultat, das sich schlechten Büchern verdankt, die ohne Beteiligung von Profis geschrieben werden.

Fehler: Hier Schwarz 1 ist ganz schlecht. Hat Weiß mit 2 verbunden, dann sind die Punkte von Schwarz 3 und Weiß 4 Miai, und die schwarzen Steine sind verloren.

Antwort 64: Einfach hinabsteigen

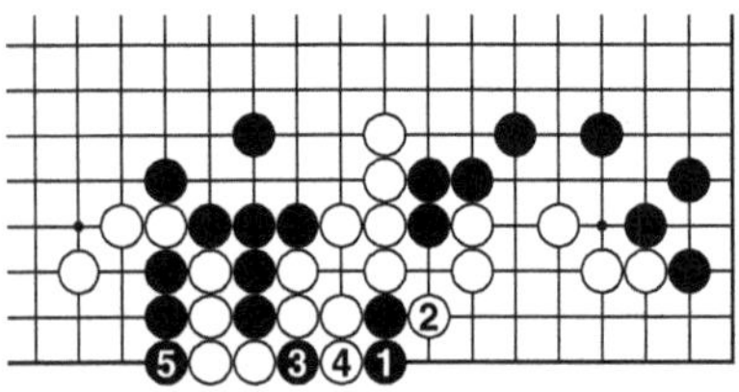

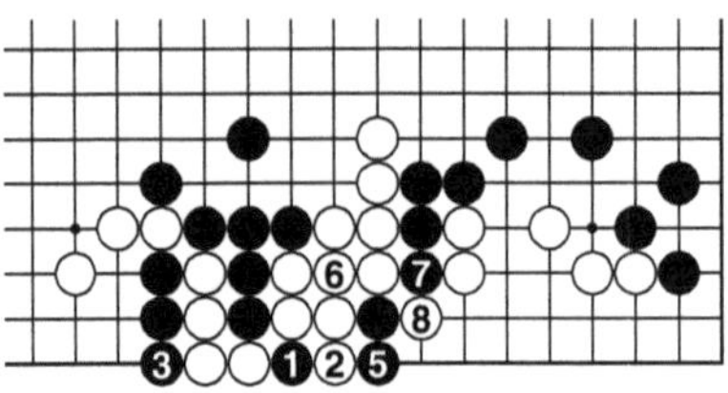

4 verbindet

Lösung: Einfach mit Schwarz 1 hinabzusteigen ist gut, in einer Partie aber wahrscheinlich schwer zu sehen. Wenn Weiß auf 2 blockt, bereitet der Einwurf von Schwarz 3 einen Mangel an Freiheiten durch Oiotoshi nach Schwarz 5 vor.

Fehler: Die Züge Schwarz 1 und 3 verfolgen dasselbe Ziel, aber die Reihenfolge ist falsch. Schwarz bleibt nach den Zügen bis Weiß 8 der Erfolg verwehrt.

65

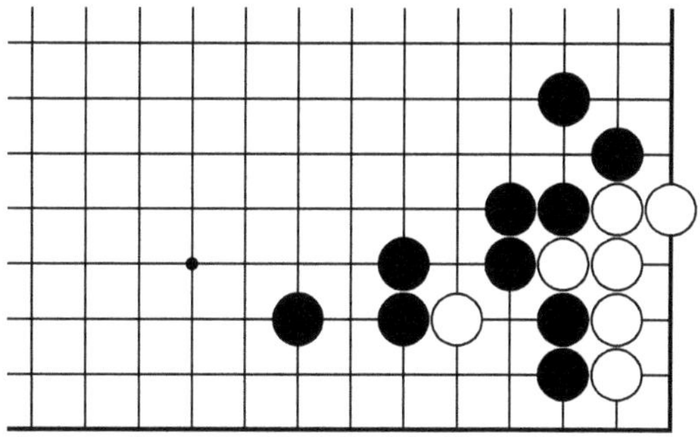

Schwarz ist am Zug, aber wie es scheint, gibt es gegen die weißen Steine in der Ecke nichts auszurichten. Da der einzelne weiße Stein offenbar in guter Position steht, würden in einer echten Partie hier viele klein beigeben, aber …

66

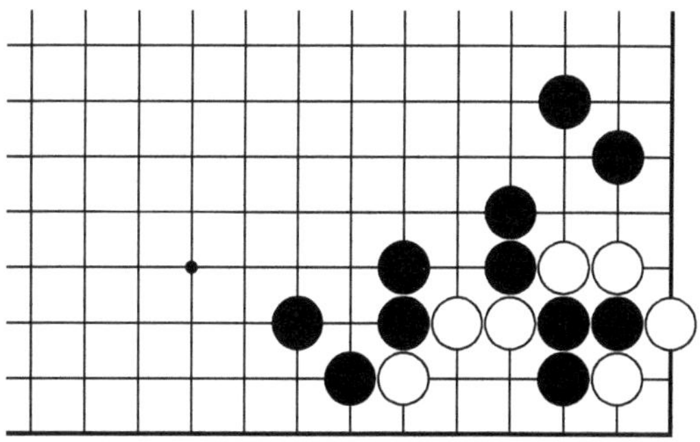

Weiß hat in der Ecke drei schwarze Steine eingekesselt, man kann von ihnen jedoch nicht behaupten, sie seien komplett gefangen. Die Aufgabe besteht darin, wie mit diesen drei scheinbar toten Steinen zu verfahren ist.

Antwort 65: In jedem Fall …

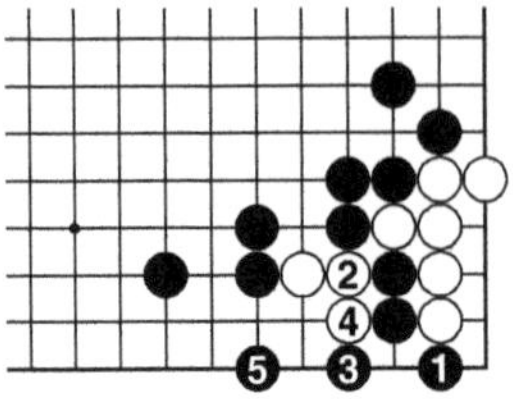

Lösung: Jedenfalls kommt Schwarz ohne 1 nicht weiter. Schwarz 3 als Antwort auf Weiß 2 ist ein genialer Zug am Brettrand. Wenn Weiß dann auf 4 spielt, springt Schwarz auf 5, und die weißen Steine sind gefangen. Schwarz 1, 3 und 5 (drei Züge in Folge am Brettrand) sehen schon schick aus, oder?

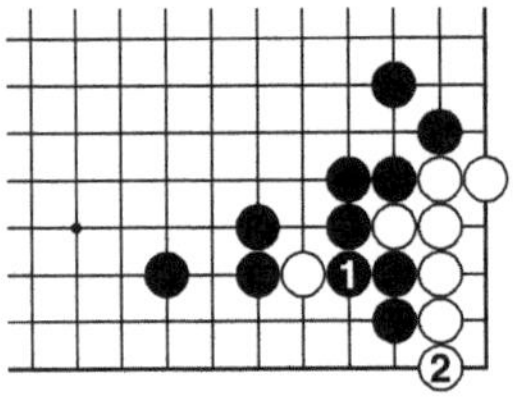

Fehler: Auf Schwarz 1 zu verbinden ist ein Fehler, der in echten Partien häufig vorkommt. In einer Leben-und-Tod-Aufgabe reflexartig zu spielen ist allerdings eine schlechte Angewohnheit, die verhindert, dass man Fortschritte macht. Da kann ich als Autor nicht verzeihen, wenn man enttäuscht ist.

Antwort 66: Sich auf der ersten Linie festsetzen

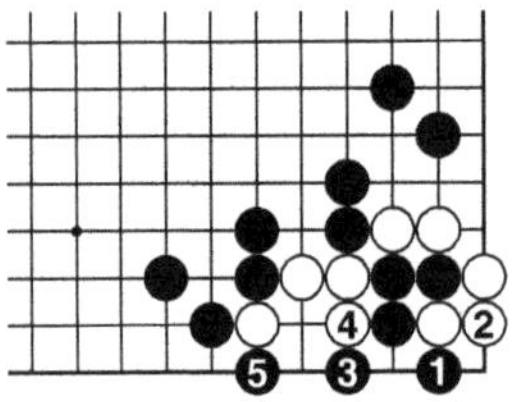

Lösung: Zuerst das Atari mit Schwarz 1. Damit setzen wir uns fest. Als nächstes bereitet der Diagonalzug von Schwarz 3 eine elegante Technik vor. Spielt Weiß 4, verbindet Schwarz 5 nach außen.

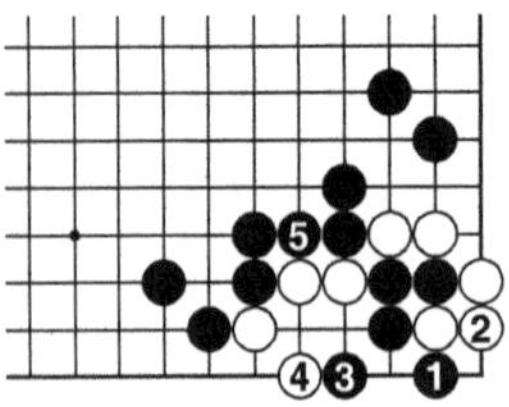

Variante: Spielt Weiß mit 4 diese Variante, schlägt selbige nach Schwarz 5 fehl.

67

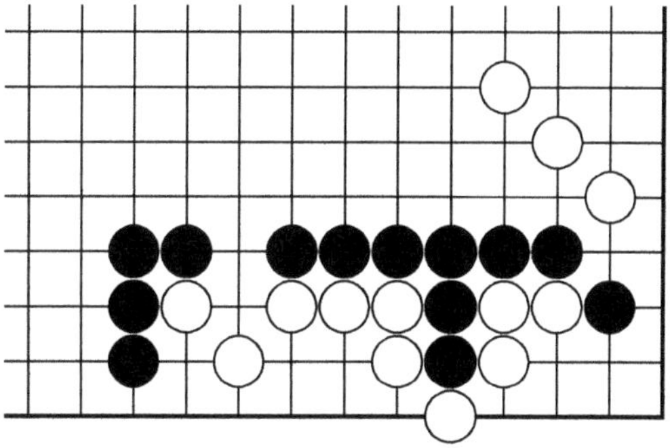

Weiß hat soeben rechts einen Diagonalzug auf die zweite Linie gespielt, der einen schwarzen Stein abzutrennen droht. In einer echten Partie, schätze ich, würde Schwarz sich beeilen zu verbinden, der korrekte Zug ist das jedoch eindeutig nicht. Was für einen Zug kann Schwarz spielen?

68

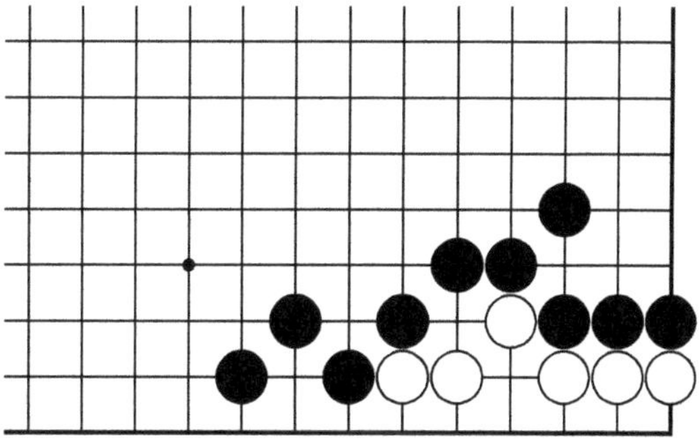

Es sieht so aus, als seien die weißen Steine komplett lebendig, aber ist das wirklich so? Wenn Weiß die Absicht hat, sich hier mit Nachdruck zur Wehr zu setzen, ist jedenfalls Widerstand zu erwarten.

Antwort 67: Ein As im Ärmel

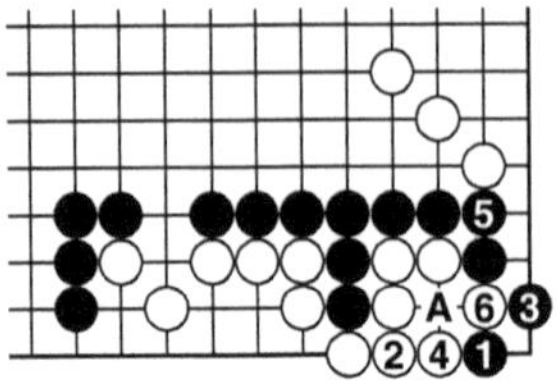

Lösung: Schwarz 1, auf dem 2-1-Punkt, ist ein geschickter Zug. Schneidet Weiß unmittelbar auf Schwarz 5, dann kann Schwarz in der Ecke mit Schwarz A, Weiß 2, Schwarz 3 leben. Die weißen Steine wären damit natürlich vernichtet, also verbindet Weiß mit 2, um den Tod abzuwenden. Nach Weiß 6 entsteht ein Kō. Mit Schwarz 3 schlicht auf Schwarz 5 zu verbinden ist auch korrekt; die Folgezüge Weiß 6, Schwarz 3 und Weiß 4 führen zum selben Resultat. Was die beiden Spieler hier mit Schwarz 1 und Weiß 2 an Technik von Angriff und Verteidigung aufgeboten haben, ist schon etwas Besonderes.

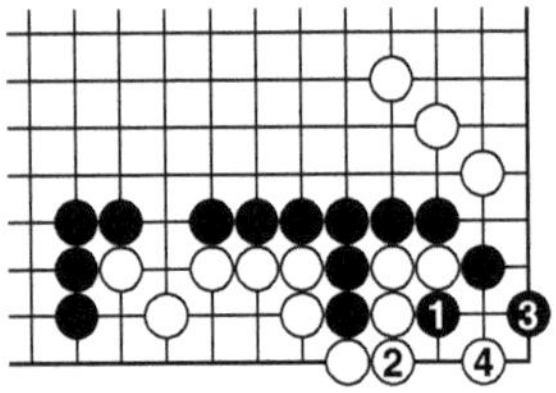

Fehler: Wenn Schwarz mit dem Atari auf Schwarz 1 die Form zementiert, geht eine Menge Aji verloren, und es läuft nicht für Schwarz. Wenn Schwarz 3, dann Weiß 4. Hier hat Schwarz geschlafen.

Antwort 68: Auch Weiß erweist sich als zäh

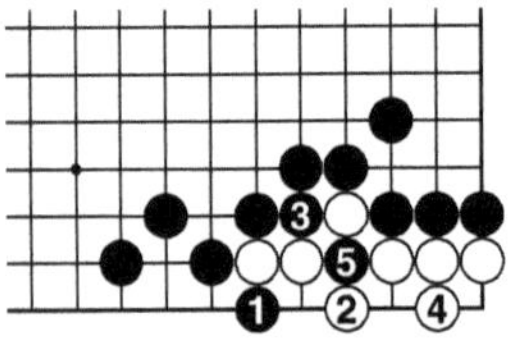

Lösung 1: Das Hane von Schwarz 1 ist ein guter Zug, aber Weiß hat 2, um einen bedingungslosen Tod abzuwehren. Das Kō, das sich nach den Zügen bis Schwarz 5 ergibt, ist das Beste, was beide Parteien erreichen können.

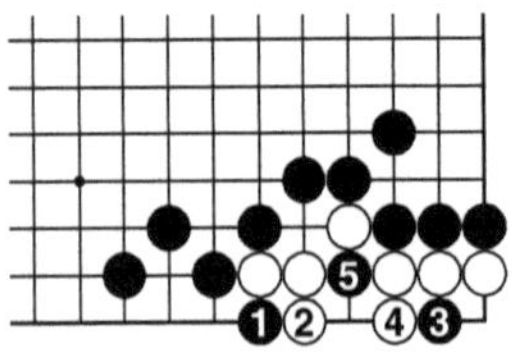

Weißer Fehler 1: Kontert Weiß Schwarz 1 mit Weiß 2, dann trifft Schwarz 3 auf dem 2-1-Punkt den vitalen Punkt, und die weißen Steine sind nach den Zügen bis Schwarz 5 tot.

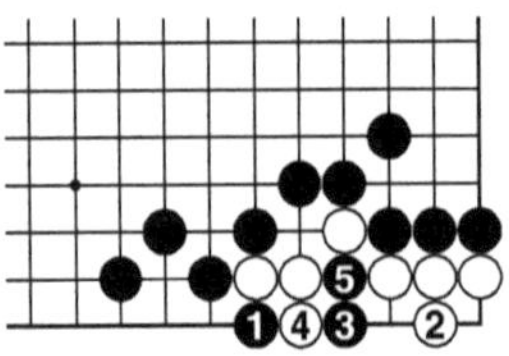

Weißer Fehler 2: Versucht Weiß einen vitalen Punkt zu besetzen, indem er auf Schwarz 1 mit Weiß 2 auf dem 2-1-Punkt reagiert, springt Schwarz mit 3 hinein, und nun sterben die weißen Steine doch.

69

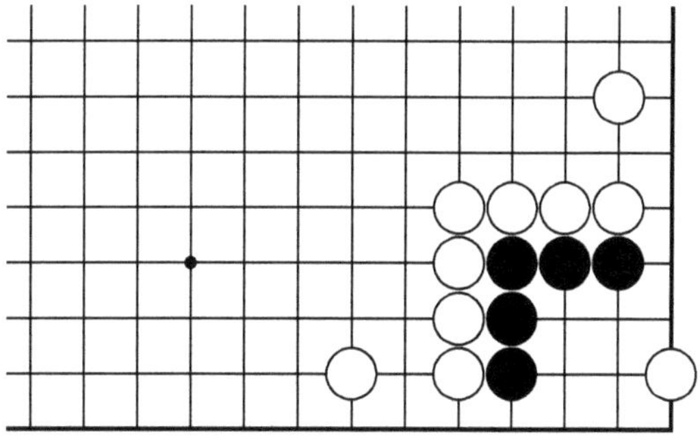

Die Form eines sogenannten Sake-Masu in der Ecke führt in der Regel zu einem Kō, hier aber hat Weiß soeben auf dem 2-1-Punkt gespielt. Worauf läuft es hier nun hinaus? Wenn Schwarz korrekt spielt, kann er leben.

70

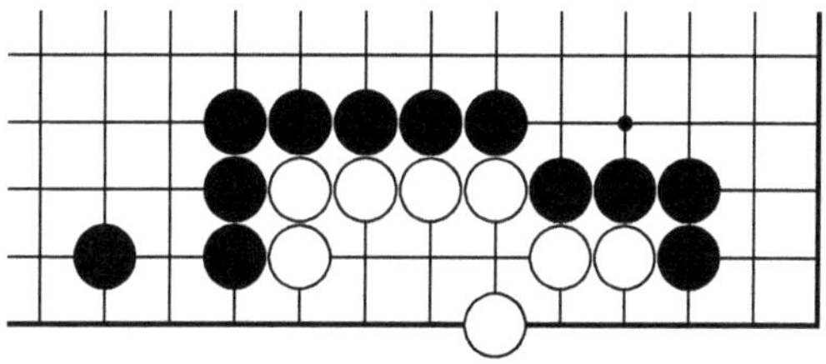

Dies ist eine Aufgabe aus dem chinesischen Klassiker *Xuánxuán Qíjīng* (auf japanisch *Gengen Gokyō*). Alle Aufgaben sind mit einem Titel versehen, und diese hier heißt "Die acht Barbaren zurückschicken", womit die acht weißen Steine gemeint sind. Diese Steine machen wirklich den Anschein, sie hätten zwei Augen, es gibt jedoch eine Zugsequenz, mit der sie sich leicht gefangennehmen lassen.

Es war übrigens während meiner Anfängerzeit, als ich dieser Aufgabe zum ersten Mal begegnete. Auf dem Weg nach Hause vom Bahnhof Ueno, nach acht Stunden des Nachdenkens, fand ich schließlich die Antwort. Ich war damals noch recht schwach, aber ich erinnere mich noch an die Freude, die ich in dem Moment empfand, als ich es löste.

Antwort 69: Auf langem Weg ins Ziel

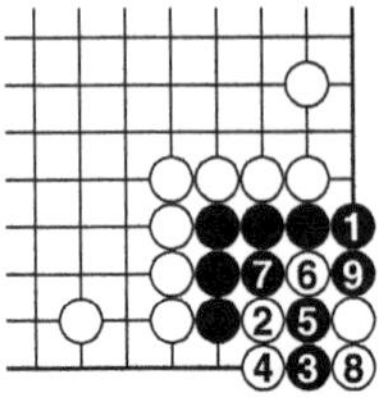

Lösung: Schwarz steigt mit 1 hinab. Spielt Weiß auf 2, ist das Oki von Schwarz 3 korrekt. Folgen die Züge Weiß 4 bis 8, dann ist das schlichte Atari mit Schwarz 9 ein geschickter Zug. Vergewissere dich, dass die schwarzen Steine danach lebendig sind.

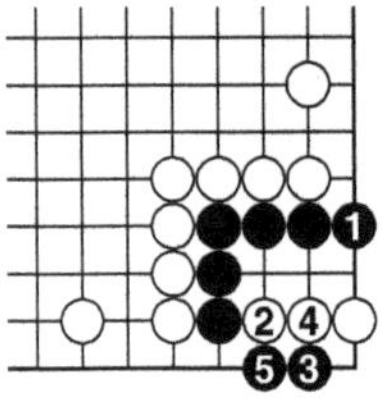

Variante: Wenn Weiß mit 4 verbindet, wird daraus ein Seki, wenn Schwarz unten mit 5 verbindet. Weil innen so viel Platz ist, kann Weiß kein Nakade erzwingen.

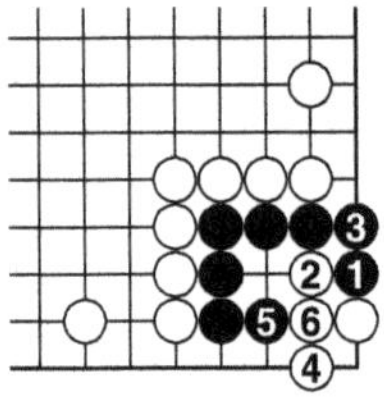

Fehler: Hier wären diverse Fehlerdiagramme möglich, der gedankenloseste Zug von Schwarz aber dürfte der diagonale Anleger auf 1 sein. Nach den Zügen bis Weiß 6 fabriziert Weiß entweder ein Nakade oder genießt einen Wettlauf um Freiheiten mit einem Auge versus keinem Auge.

Antwort 70: Die acht Barbaren zurückschicken

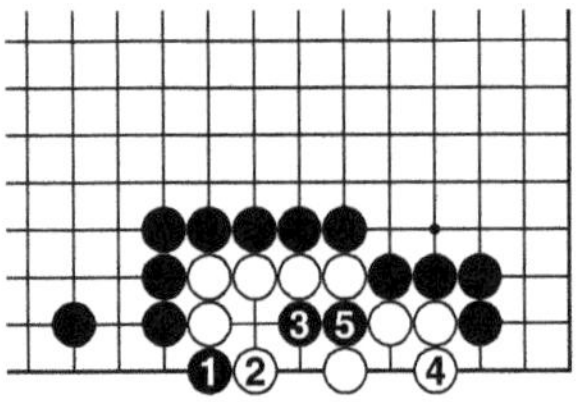

Lösung: Nach dem Hane mit Schwarz 1 und dem Block von Weiß 2 ist für die Niederlage der Barbaren die Saat gelegt. Schwarz 3 erst nach diesen beiden Zügen zu spielen ist in der Reihenfolge wichtig. Macht Weiß nun mit 4 ein Auge, ist nach Schwarz 5 alles vorbei.

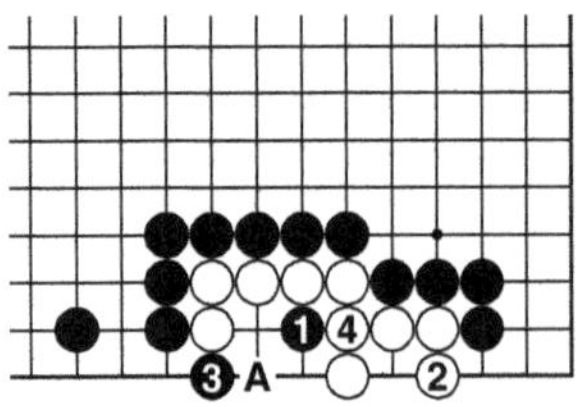

Fehler: Wenn du die Zugreihenfolge im Lösungsdiagramm nicht findest, dann bleiben die Barbaren da. Wird Schwarz 1 zuerst auf dem vitalen Punkt gespielt, kann Weiß 2 spielen, und Schwarz kann nichts mehr tun. Selbst wenn Schwarz es nun mit 3 versucht, braucht Weiß nicht auf A zu antworten.

71

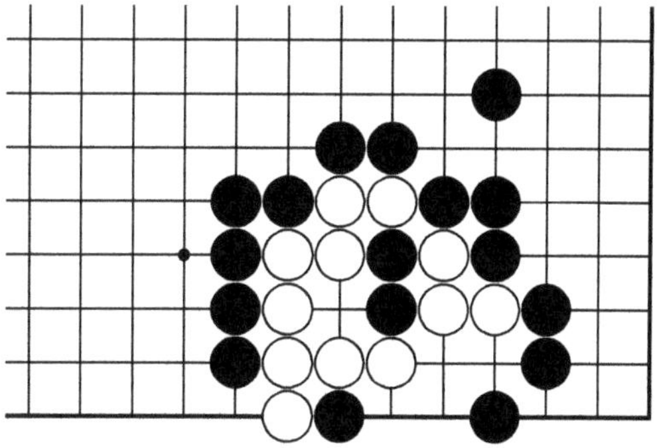

Auch diese Aufgabe basiert auf einem berühmten Tesuji aus alter Zeit. Bei fortgeschrittenen Schülern wird dieses Tesuji vorausgesetzt. Wie lassen sich diese weißen Steine angreifen? Es sieht sehr danach aus, als gäbe es keinen probaten Zug, aber schau nochmal hin.

72

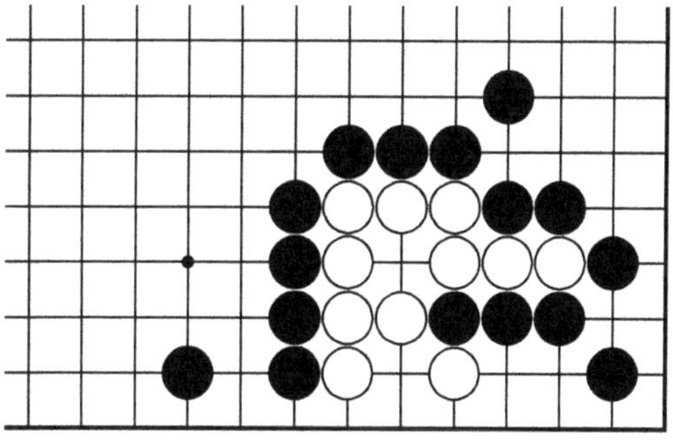

Die weißen Steine scheinen bereits zwei Augen zu haben, aber das untere Auge ist noch nicht komplett.

Antwort 71: Hexerei am Brettrand

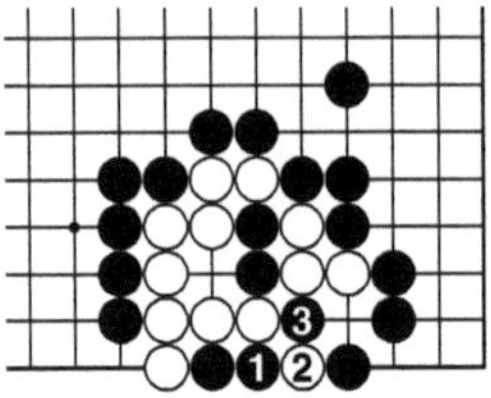

Lösung: Ich habe die Vorstellung erwähnt, dass im Brettrand ein Hexenmeister wohnt, und so kam es mir durchaus vor, als mir die Aufgabe zum ersten Mal begegnet ist. Mit Schwarz 1 herauszuziehen ist ein wirklich geschickter Zug. Schwarz zwingt so Weiß, mit 2 zu fangen, und spielt 3. Diese Aufgabe ist ein perfektes Beispiel für Zugreihenfolge. Wenn du das nicht gesehen hast …

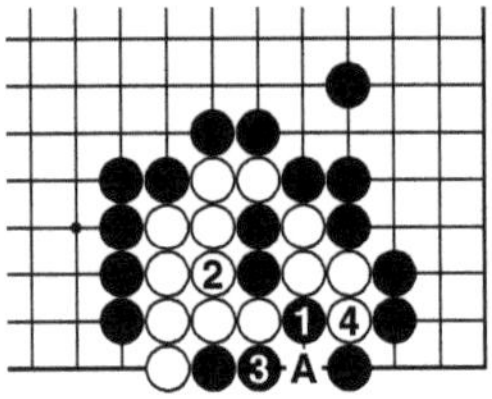

Fehler: Wenn Schwarz zuerst 1 spielt und dann 3, dann fängt Weiß nicht auf A, sondern spielt 4 und fängt drei Steine.

Als ich diese Taktik zum ersten Mal zu Gesicht bekam, fühlte ich mich, als sei ich zwei Steine stärker geworden. Nun, das ist gut fünfzig Jahre her …

Antwort 72: Die Vortrefflichkeit eines seitlichen Anlegers

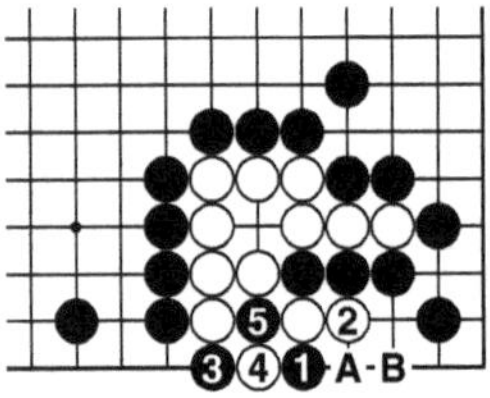

Lösung: Versiert legt Schwarz mit 1 seitlich an. Da der korrekte Zug immer auf der ersten Linie zu suchen ist, nehme ich an, dass viele ihn gefunden haben. In einer echten Partie gibt es keine Hinweise, wenn du jedoch in der Lage bist, so einen Zug zu spielen, magst du durchaus ein Amateur-Dan sein. Weiß 2 ist der einzige Zug. Würde Weiß stattdessen auf 4 spielen, wären Schwarz A, Weiß 2, Schwarz B die Folge. Wenn wie im Diagramm Schwarz auf 3 spielt, dann erzeugt Weiß mit 4 ein Kō. Das ist das Beste, was beide Parteien herausholen können.

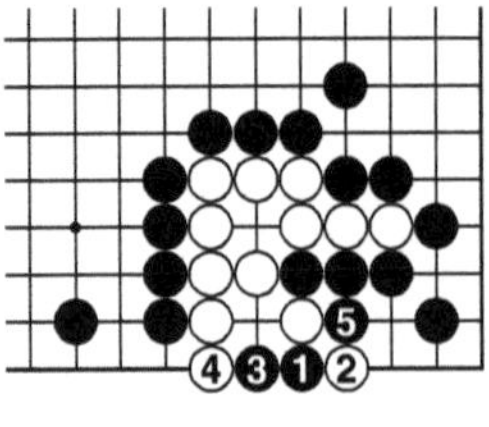

Weiß geht fehl: Wenn Weiß 2 spielt, tötet Schwarz einfach mit 3 bis 5 die weißen Steine.

73

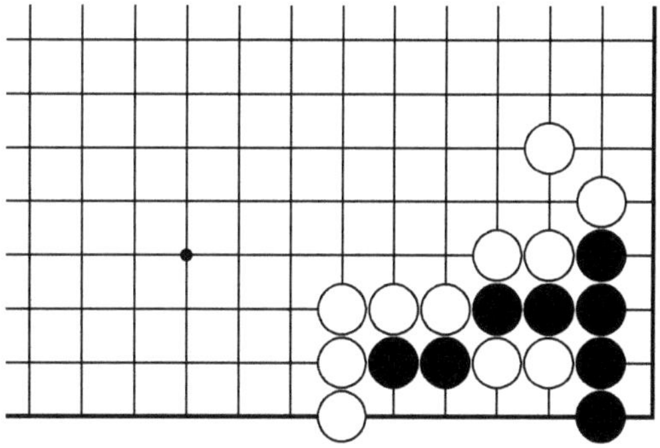

Die schwarzen Steine können leben. Wenn du das Verfahren kennst, dann ist das hier ganz leicht, aber wenn dir das hier zum ersten Mal begegnet, könnte es vielleicht besonders schwierig sein. Sobald du das Verfahren gelernt hast, mag dir die Aufgabe sogar schlecht erscheinen, weil sie nicht schwierig genug sei.

74

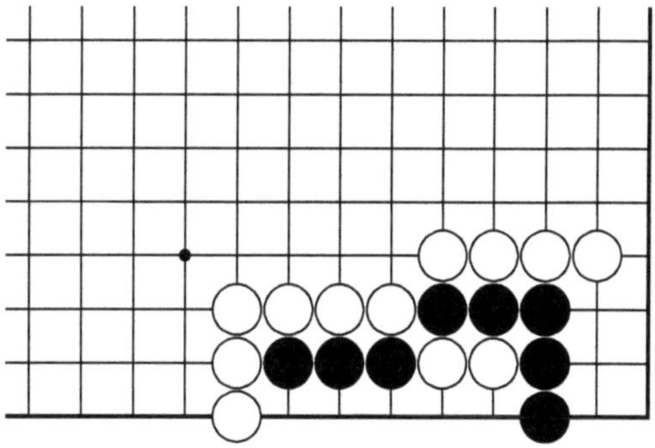

In dieser Aufgabe geht es um dasselbe Thema wie in der vorherigen. Die Zugfolge ist um zwei Züge länger, aber es handelt sich im Grunde um das Gleiche.

Antwort 73: Unter den Steinen

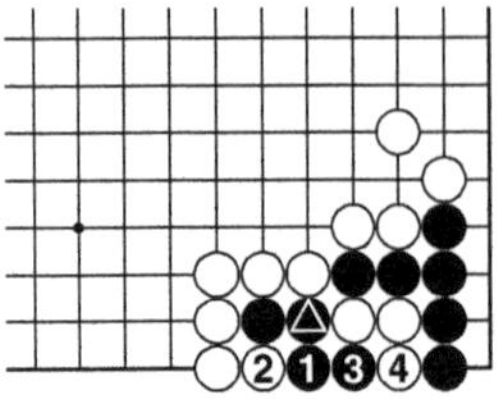

5 auf ▲

Lösung: Der Zug auf 1 ist das einzige Tesuji, mit dem Schwarz lebt. Wenn Weiß 2, dann ist Schwarz 3, wonach Weiß vier Steine schlägt, ein hervorragendes Opfer: Nach deren Entfernung lebt Schwarz mit 5. Dieses Tesuji nennt man *Ishi no shita*, das bedeutet *Unter den Steinen.* Schon seit Urzeiten ist das Unter-den-Steinen-Tesuji bekannt als die Blume unter den Leben-und-Tod-Aufgaben. Wenn es dir unlogisch erscheint, so viele Steine zu opfern, dann schau hier …

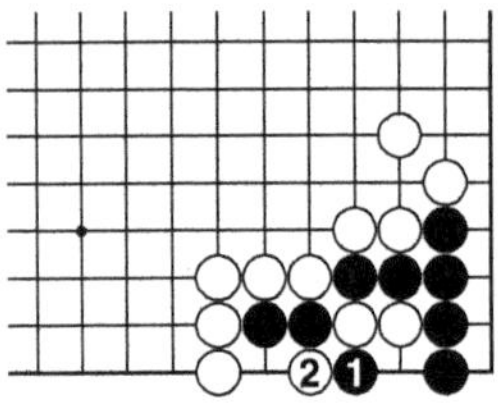

Fehler: Mit Schwarz 1 unmittelbar zwei weiße Steine zu schlagen ist auf gewöhnliche Art gedacht. Wenn Weiß aber 2 spielt, wird das Auge falsch. Es ist schlecht für Schwarz, wenn Weiß in die Lage kommt, 2 zu spielen, also ist es gut für Schwarz, wenn stattdessen er dort spielt. Auch so kann man denken.

Antwort 74: Ein cleverer Einstieg

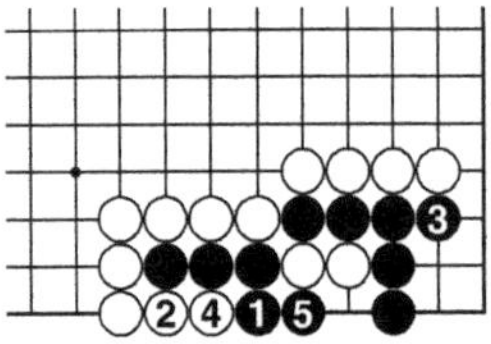

Lösung: Schwarz 1 ist ein raffinierter Zug. Nach Weiß 2, Schwarz 3, Weiß 4 kann Schwarz 5 spielen. Ich bin sicher, jetzt kannst du erkennen, dass Schwarz eine Unter-den-Steinen-Stellung konstruiert hat.

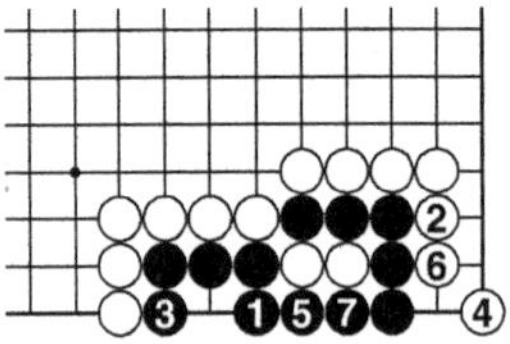

Variante: Wenn Weiß mit 2 ein schwarzes Auge in der Ecke verhindert, lebt Schwarz mit 3. Danach ist Weiß 4 geschicktes Endspiel, das in der Zugfolge bis Schwarz 7 dem eines Profis entspricht.

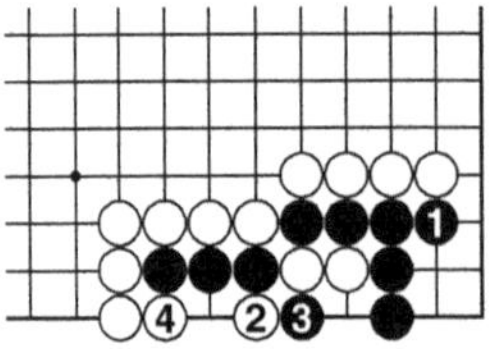

Fehler: Schlicht Schwarz 1 zu spielen und Weiß mit 2 den vitalen Punkt zu überlassen besiegelt den Tod der schwarzen Steine. Beachte, dass Weiß 2 auf dem Punkt von Weiß 4, was Schwarz erlaubt, auf dem Punkt von Weiß 2 zu spielen, zum Lösungsdiagramm zurückführt.

75

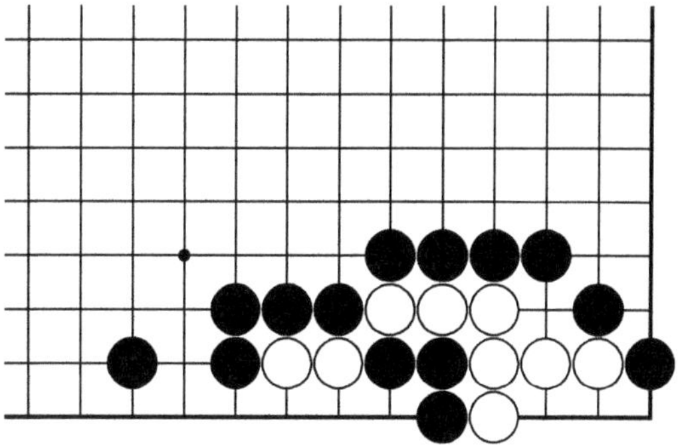

Das Verfahren hier ähnelt der vorigen Aufgabe, aber die Stellung unterscheidet sich ein wenig. Wie soll Schwarz spielen? Es gibt nur einen vitalen Punkt.

76

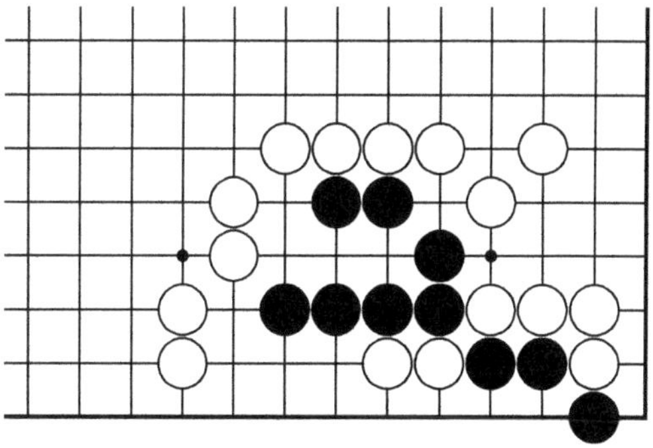

Das hier ist ein bisschen kompliziert. Wenn beide Parteien das Beste für sich herausholen wollen, kommt dabei am Ende die Unter-den-Steinen-Methode zum Einsatz.

Antwort 75: Unter den Steinen mit klumpiger Vier

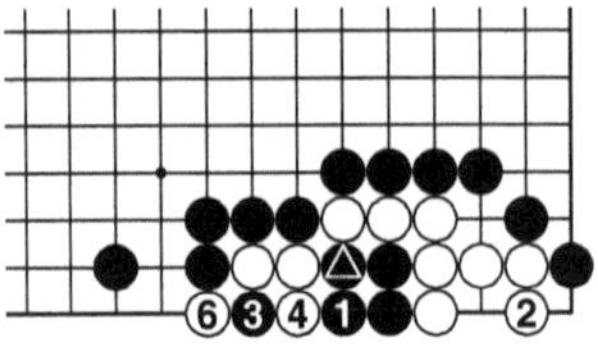

5 auf ▲; 7 auf 1

Lösung: Schwarz 1 ist für beide Parteien der vitale Punkt. Wenn Weiß mit 2 ein Auge macht, zwingt Schwarz mit 3 Weiß dazu, mit 4 zu schlagen. Nach Schwarz 5 und 7 hat Weiß dann nur ein Auge.

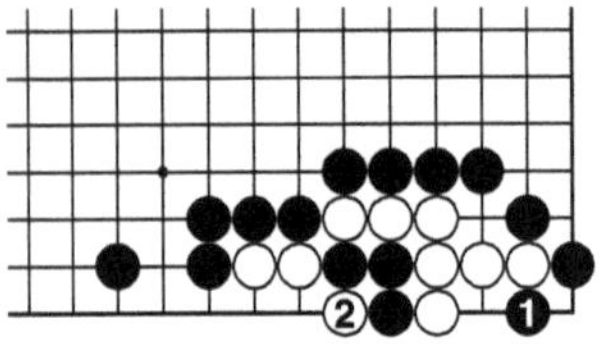

Fehler: Spielt Schwarz mit 1 zuerst in der Ecke, dann schlägt Weiß mit 2 und die weißen Steine sind lebendig.

Antwort 77: Unter-den-Steinen kommt zum Vorschein

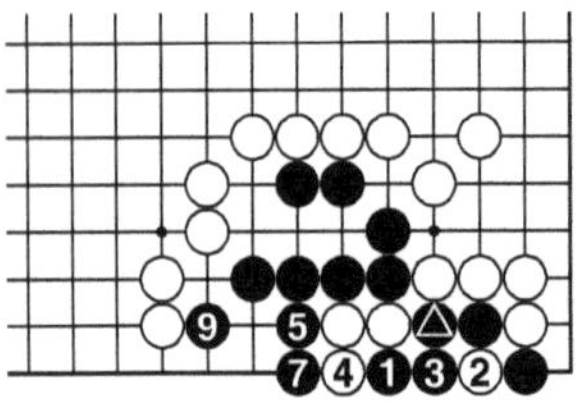

6 auf 2; 8 auf ▲

Lösung: Schwarz 1, ein Hane auf der ersten Linie, ist ein guter Zug. Mit diesem Zug kann Schwarz leben. Weiß 2 und 4 legen ein Oiotoshi an und leisten so den stärksten Widerstand, Schwarz jedoch erhält mit 5 und 7 zwei Zwingzüge. Es kommt ein Zug unter den Steinen zum Vorschein, und Weiß bleibt nach dem Schlagen von vier Steinen keine Wahl als mit 8 zu verbinden. Nun glückt Schwarz mit 9 das zweite Auge.

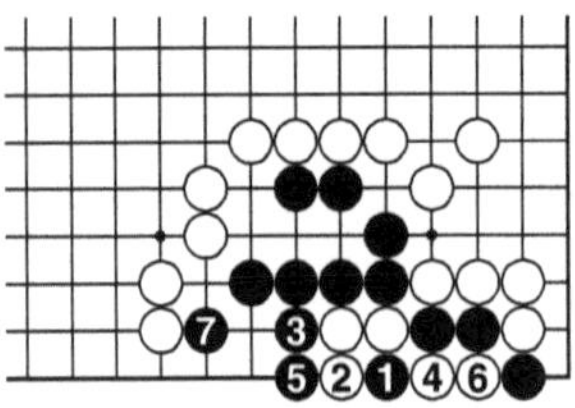

Variante: Wenn Weiß mit 2 antwortet, ist die Geschichte einfach. Schwarz lebt ohne Mühe, indem er zweimal zwingt, mit 3 und 5.

77

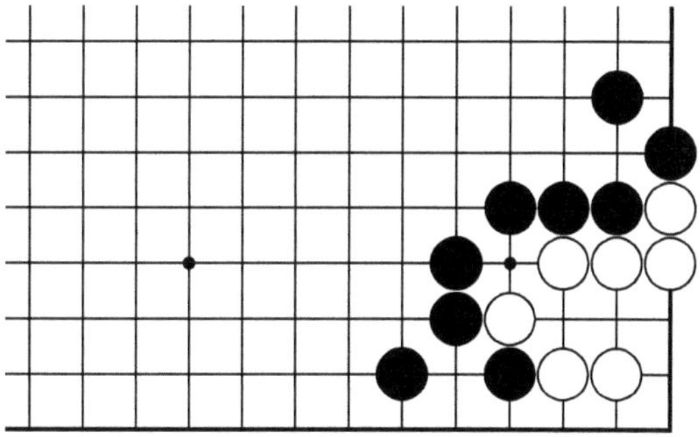

Wo wir gerade bei etwas Einfachem sind: Ich schätze, für fortgeschrittene Spieler ist das hier womöglich einfach. Man mache mit Schwarz den weißen Steinen solide den Garaus.

78

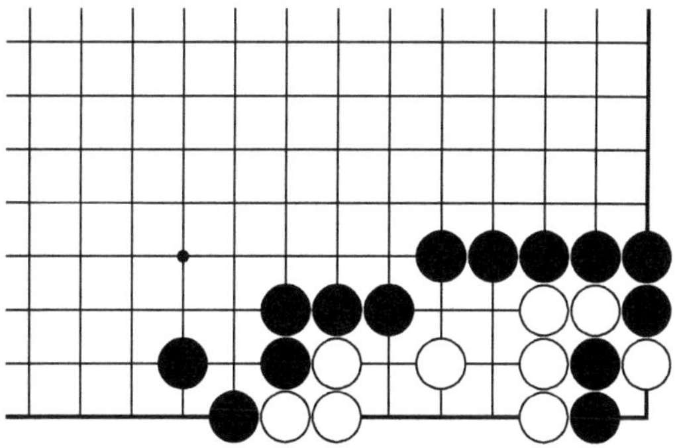

Hat Weiß bereits zwei Augen? Wenn du die Stellung genau untersuchst, wirst du erkennen, dass dem nicht so ist.

Antwort 77: Den Raum einengen

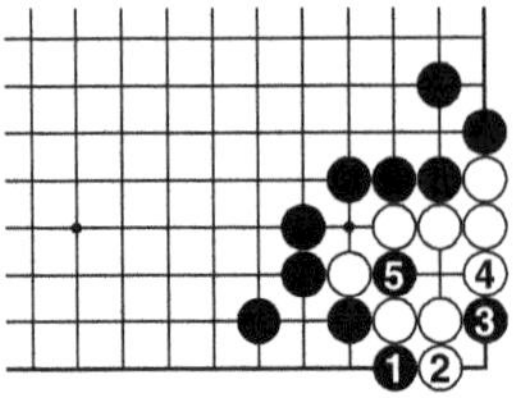

Lösung: Schwarz tauscht das Hane von 1 gegen Weiß 2 ab. Nachdem Schwarz den Raum von Weiß eingeengt hat, spielt er mit 3 auf dem 2-1-Punkt. Nach Weiß 4 macht Schwarz 5 aus dem weißen Auge ein falsches.

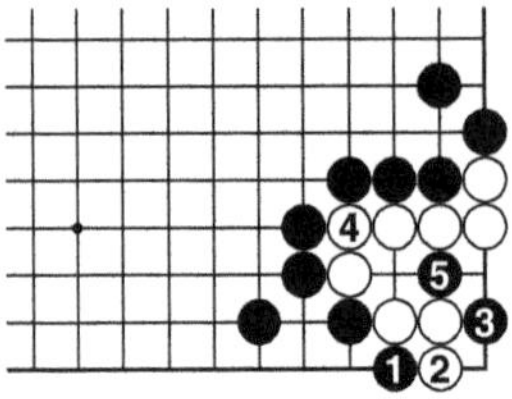

Variante: Wenn Schwarz 3 spielt und Weiß es mit 4 versucht, dann verschafft Schwarz 5 den weißen Steinen einen Mangel an Freiheiten.

Antwort 78: Das Geheimnis des Freiheitenmangels

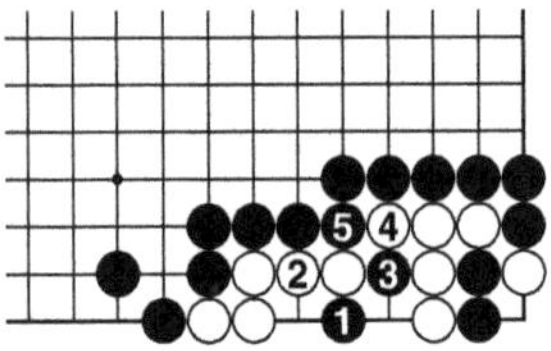

Lösung: Wenn der Zug auf der ersten Linie sein soll, dann ist nicht schwer zu erkennen, dass Schwarz 1 die einzig mögliche Stelle ist. Also setzt du da einen Stein hin, und wie durch ein Wunder sind die weißen Steine tot. Spielt Weiß dann 2, haben wir nach Schwarz 3 und 5 eine schöne Mausefalle.

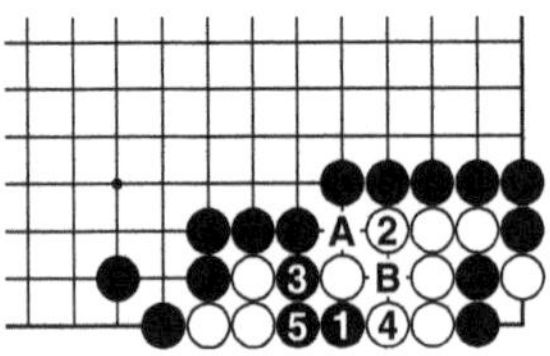

Variante: Auch ein weißer Zug auf 2 muss bedacht werden, aber nach Schwarz 3 und 5 sind die weißen Steine hübsch tot. Würde Schwarz ferner in der Zugfolge 3 auf A spielen, dann würden wir nach Weiß auf Schwarz 3 und dann Schwarz auf B zum Lösungsdiagramm zurückkehren. Auch diese Lösung ist korrekt. Es gibt für mich auf der Welt nichts Schrecklicheres als Freiheitenmangel, und wie man in den Lösungs- und Variantendiagrammen sieht, lauert er sogar in einem guten Zug auf der ersten Linie.

79

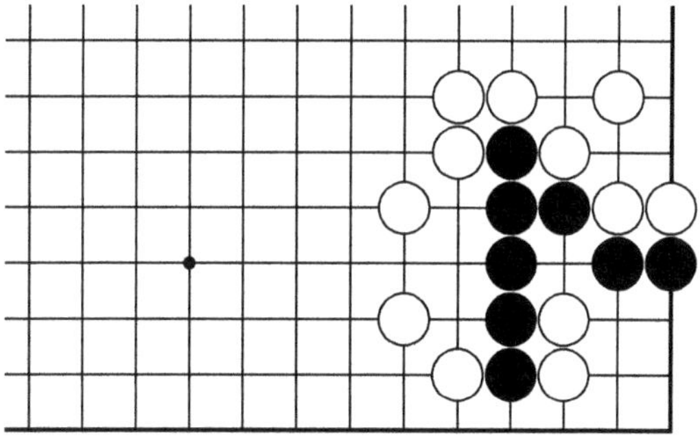

Hier ist noch eine berühmte Aufgabe aus einem chinesischen Klassiker. Wie soll Schwarz spielen? Auf den ersten Blick scheint Schwarz in Schwierigkeiten zu stecken.

80

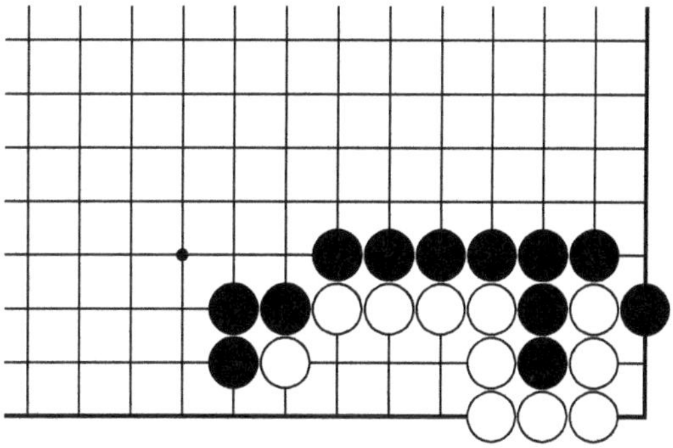

Die weißen Steine machen vermutlich den Eindruck, sie seien bereits lebendig, also sicher. Hier gibt es einen Überraschungsangriff, der erstmal stutzig machen dürfte, aber wie geht die Sache dann aus?

Antwort 79: Wie von Götterhand

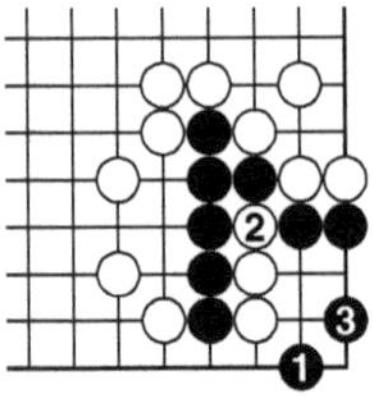

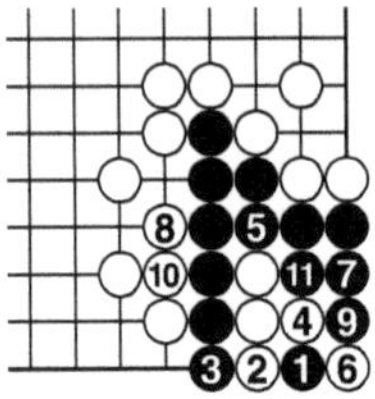

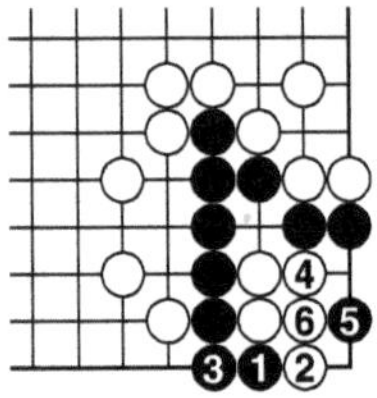

Lösung: Schwarz 1 ist ein brillanter Zug am Brettrand. Da er auf dem vitalen Punkt liegt, bleiben die schwarzen Steine gerade noch so am Leben. Nach Weiß 2 spielt Schwarz mit 3 noch einmal am Brettrand – auch dies ein geschickter Zug. Es gibt sonst keine andere Möglichkeit für die schwarzen Steine zu leben. Nach diesen Tesuji ist alles geklärt, oder? Ich denke jedenfalls, da du nun am Brettrand Experte bist, wirst du mit dem Rest keine Schwierigkeiten haben.

Variante: Mit Weiß 4 und 6 zu beharren ist ein netter Versuch, aber mit vier Außenfreiheiten gewinnt Schwarz den Wettlauf um Freiheiten um einen Zug.

Fehler: Schwarz 1 und 3 zu spielen ist ungeschickt. Nach Weiß 2 und 4 bildet Weiß die Form einer klumpigen Fünf, und die schwarzen Steine sind tot.

Antwort 80: Auch Weiß ist verschlagen

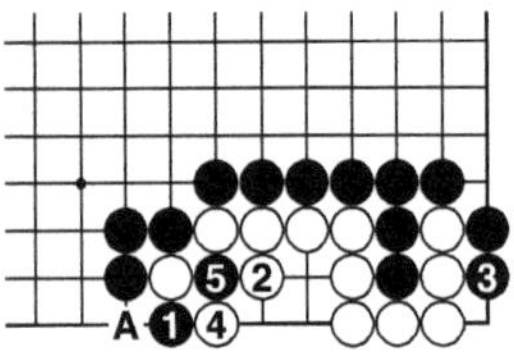

Lösung: Anstatt vorschnell einen einzelnen Stein zu fangen, spielt Schwarz mit 1 einen guten Zug auf der ersten Linie. Weiß hält mit 2 glänzend dagegen. Weiß erhält dadurch ein unvorteilhaftes Kō. Unvorteilhaft ist es, weil Schwarz das Kō zuerst schlägt, und wenn Weiß zurückschlägt, hat Schwarz Gelegenheit, auf A zu verbinden. Dennoch ist es immerhin ein Kō.

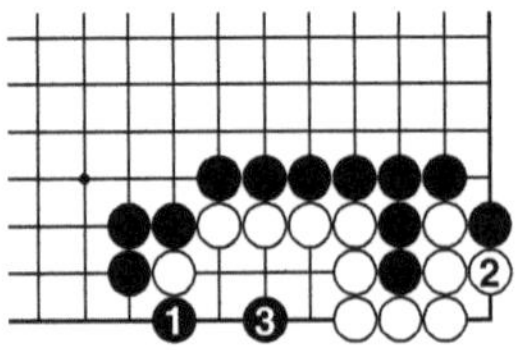

Weißer Fehler: Wenn Weiß nervös ist und nach Schwarz 1 hastig ein Auge macht, dann beseitigt Schwarz 3 die Möglichkeit eines weiteren Auges, und die Geschichte ist zu Ende.

81

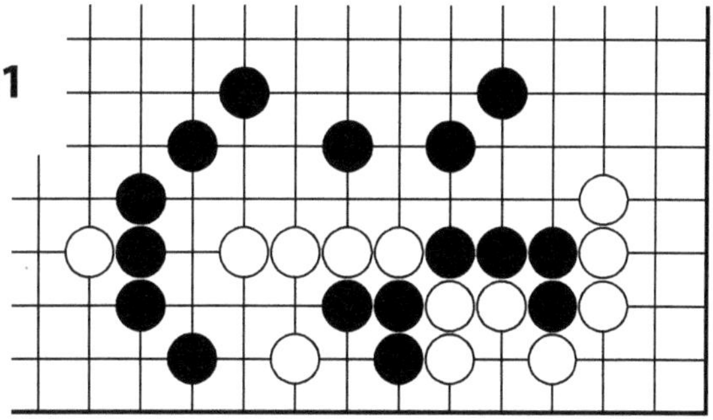

Es sieht so aus, als sei der weiße Sprung hinunter auf die zweite Linie ein guter Zug, und Schwarz müsse sich hier geschlagen geben. Irgendwie wirst du für Schwarz einen geschickten Zug auftreiben müssen.

82

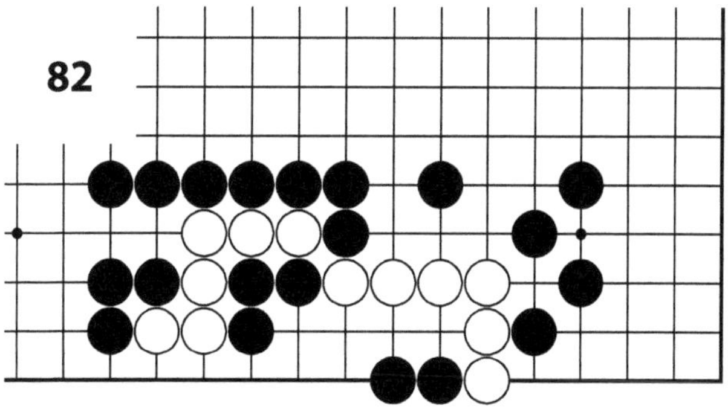

Wenn man solche Aufgaben bearbeitet, kommen einem Züge in den Sinn, an die man vorher noch nie gedacht hat. Das sind verheißungsvolle Momente, nicht wahr? Also, was fällt dir bei dieser Aufgabe ein?

Antwort 81: Wie wilde Affen, die einen Fluss überqueren

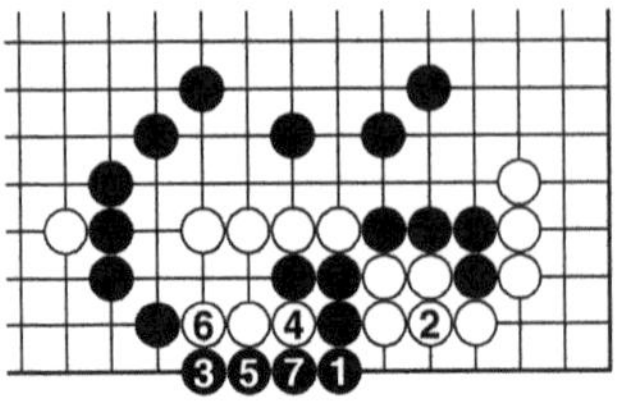

Lösung: Zuerst Schwarz 1 zu spielen ist unerlässlich, wodurch die schwarzen Steine vier Freiheiten erhalten. Weiß 2 ist absolut notwendig. Sich mit Schwarz 3 heranzutasten ist die einzige Möglichkeit, die Sache zu Ende zu führen. Schwarz verbindet daraufhin unten mit einer Folge von Zügen auf der ersten Linie, 5 und 7.

Auch diese Aufgabe beruht auf einem Tesuji aus einem klassischen chinesischen Buch. Es heißt *Wilde Affen überqueren einen Fluss*, und es ähnelt durchaus der Art, wie eine Gruppe von Affen, die einander an den Händen halten, schwingt und so einen Fluss überquert.

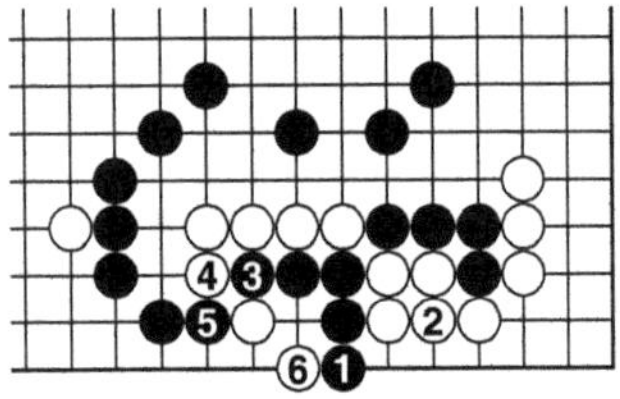

Fehler: Wenn du Schwarz 3 im Lösungsdiagramm nicht gesehen hast und so etwas wie Schwarz 3 und 5 hier spielst, ist der Reinfall groß, wenn Weiß 6 spielt. Wir könnten sagen: Wie bei wilden Affen, die in den Fluss fallen.

Antwort 82: Dieses Temperament

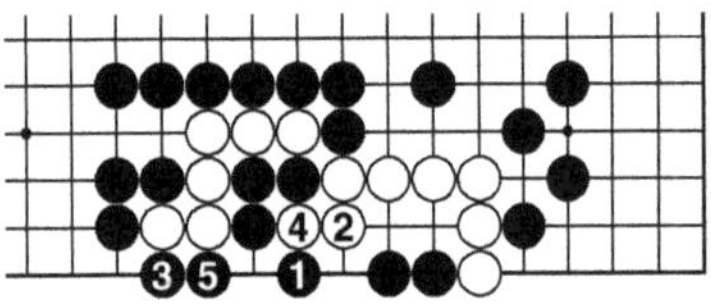

Lösung: Entschlossen wagt Schwarz den Diagonalzug auf 1. Es ist gut, wenn sich ein solches Temperament leicht einstellt. Im Grunde denke ich, dass der Unterschied zwischen 15 Kyū und Shodan davon abhängt, ob sich dieses Temperament einstellt oder nicht. Wenn Weiß 2 spielt, macht das Hane auf Schwarz 3 den Sack zu, und den weißen Steinen ist bereits nicht mehr zu helfen. Angenommen, Schwarz 1 läge schon da, dann wären sogar die meisten Anfänger in der Lage, die weißen Steine zu töten.

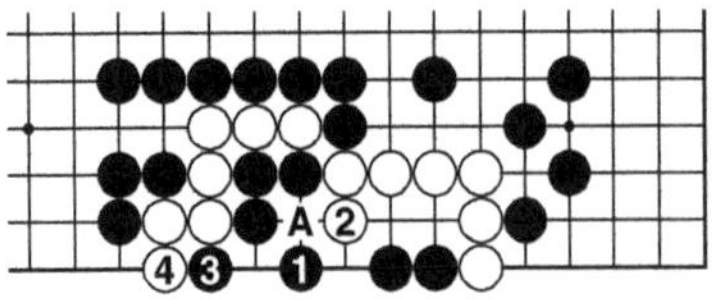

Fehler: Um nur ein Beispiel zu geben – wenn Weiß 2 spielt, spielt Schwarz 3. Jetzt spielt Weiß nicht auf A, sondern blockt außen mit 4. Schwarz hat zwei Optionen für das Hane mit 3, von links oder von rechts. Versuchen wir also, genau hinzuschauen und uns für die richtige Richtung zu entscheiden.

83

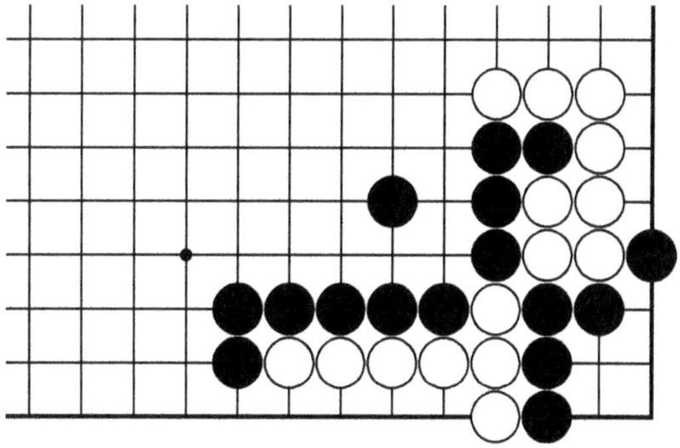

In der Ecke rechts unten ist ein Wettlauf um Freiheiten im Gange. Ist Schwarz an der Reihe gibt es einen geschickten Zug.

84

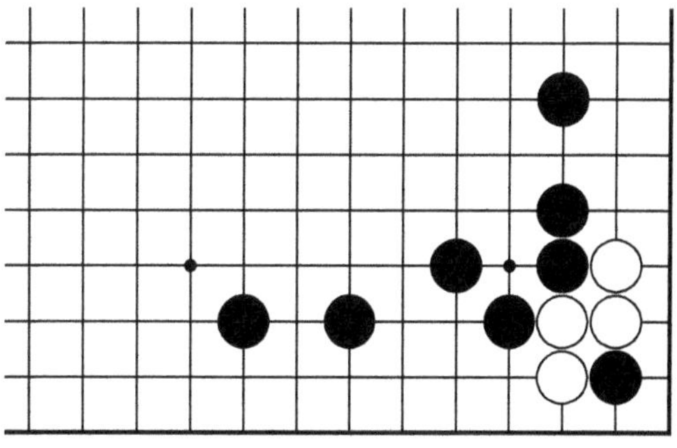

Diese Stellung könnte sich in einer Gleichaufpartie ergeben. Was wäre ein guter Angriff auf die weißen Steine in der Ecke rechts unten? Es sieht so aus, als könnten die weißen Steine Augen machen, aber wenn du Schritt für Schritt vorgehst, dann ist die Aufgabe nicht schwierig.

Antwort 83: Die Zugfolge verlängern

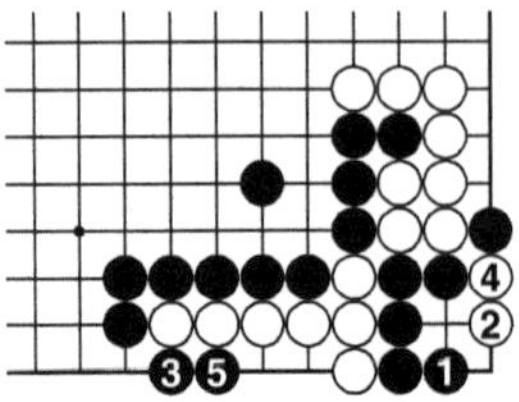

Lösung: Schwarz 1 ist ein unerwartet guter Zug. Er erzwingt Weiß 2, und dann startet Schwarz 3 den Wettlauf um Freiheiten. Nach Weiß 4 stellt Schwarz 1 für Weiß ein Hindernis dar, und Weiß verliert das Rennen.

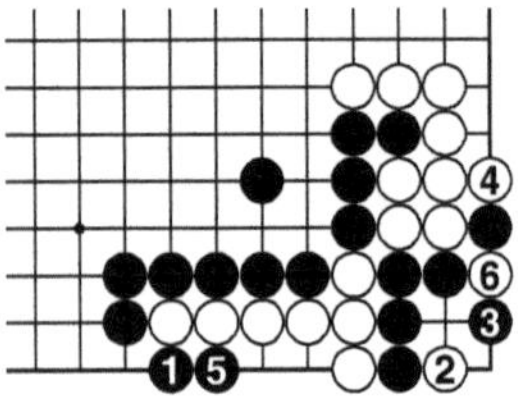

Fehler: Viele Leute spielen wohl Schwarz 1 und nehmen sofort eine Freiheit, aber dann kann Weiß 2 spielen. Dieser Punkt von Weiß 2 ist für beide Parteien der wichtige Punkt. Nach den Zügen bis Weiß 6 erhält Weiß ein Kō. Da gibt es drei Sprichwörter: "Der wichtige Punkt deines Gegners ist dein wichtiger Punkt", "Es gibt einen Zug auf dem 2-1-Punkt" und "Am Brettrand geschehen wundersame Dinge". Egal an welches dieser Sprichwörter du gedacht hast, du findest mit ihm den Weg zur Lösung dieser Aufgabe.

Antwort 84: Ein natürlicher Tod

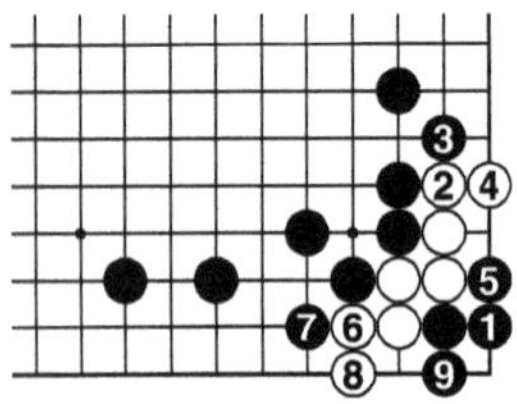

Lösung: Schwarz 1 ist der wichtigste vitale Punkt. Wenn Weiß hier spielen kann, kann er leben. Im weiteren Verlauf spielt Schwarz 5 in Reaktion auf Weiß 4 und Schwarz 9 nach Weiß 8, woraus sich automatisch ein Wettlauf um Freiheiten mit einem Auge versus keinem Auge ergibt, oder auch die Form einer klumpigen Fünf.

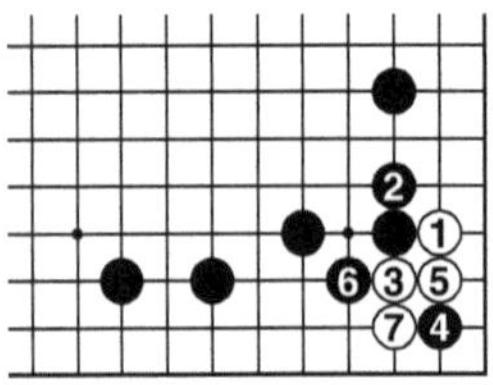

Entstehung: Die Stellung in der Aufgabe ist entstanden aus einem hohen einpunktigen Eckeinschluss mit Ausdehnungen an beiden Flanken. Wenn die umgebenden schwarzen Steine sehr solide stehen, dann ist es gut zu wissen, dass Schwarz nach Weiß 1 mit 2 und 4 starken Widerstand leisten kann.

85

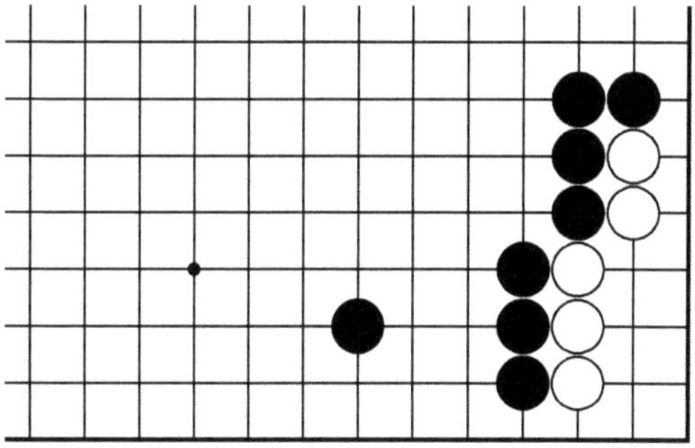

Auch das ist eine Stellung, wie sie oft in realen Partien vorkommt. Wenn du ein fortgeschrittener Spieler sein willst, dann bring die weißen Steine fachgerecht zur Strecke.

86

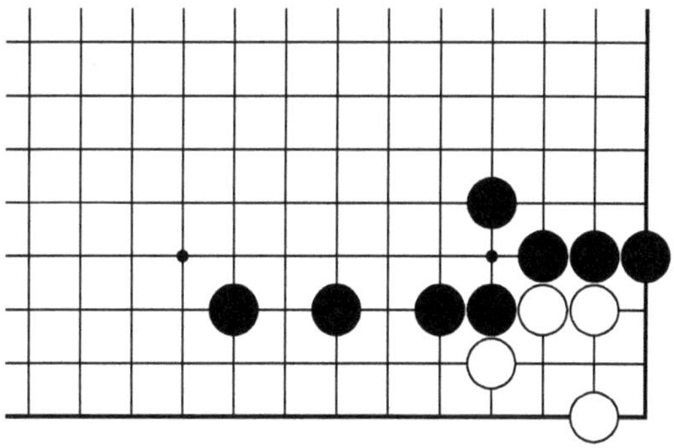

Wie soll Schwarz mit den vier weißen Steinen in der Ecke verfahren? Fasst man die vitalen Punkte ins Auge, erweist sich die weiße Stellung als überraschend fragil.

Antwort 85: Hane-Mord

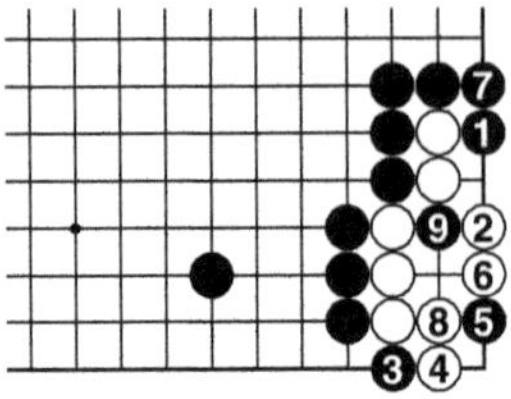

Lösung: Schwarz 1 und 3 machen den weißen Raum gehörig eng. Dann reduziert Schwarz 5 auf dem 2-1-Punkt die weißen Steine auf ein Auge. Diese Methode findet oft in Partien Anwendung und ist bekannt als Hane-Mord. Es ist interessant, dass die Züge 1 bis 7 von Schwarz alle auf der ersten Linie liegen. Entgeht Schwarz diese Zugfolge, sterben die weißen Steine nicht.

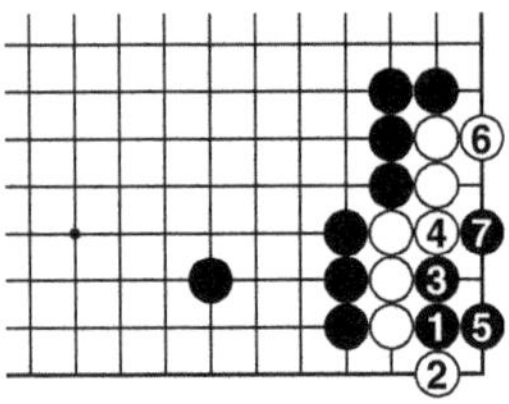

Fehler: Wenn Schwarz mit 1 bis 5 angreift und Weiß dann mit 6 seinen Raum erweitert, ist der Innenraum zu groß, als dass die weißen Steine sterben. Versucht es Schwarz mit 7, dann wird es, wie du sehen kannst, immer noch ein Seki.

Antwort 86: Gute Folge von Zügen

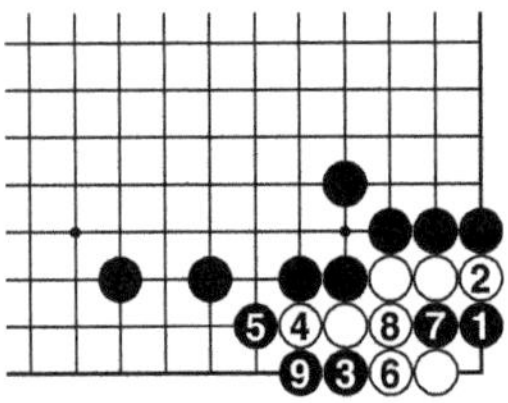

Lösung: Schwarz 1, dann Schwarz 3. Nach dieser Kombination vitaler Punkte auf der ersten Linie sind die weißen Steine schlicht tot. Würde Weiß 6 auf dem Punkt von Schwarz 9 spielen, um von außen zu blocken, wäre der schwarze Schnitt auf dem Punkt von Weiß 8 ein Doppel-Atari. Mit Schwarz 9 zurückzuziehen versetzt den Knockout. Man spürt, wie herrlich die Züge Schwarz 1 bis 9 fließen.

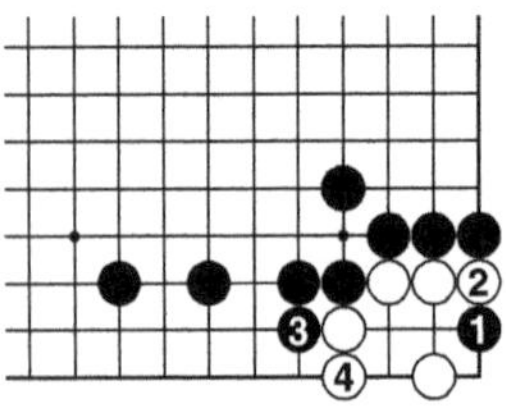

Fehler: Schwarz 3 lässt die weißen Steine mit Weiß 4 leben. Wie gezeigt wurde, sollte Schwarz 3 auf dem Punkt von Weiß 4 gespielt werden. Ich hoffe, dieser Zug wird ein selbstverständlicher.

87

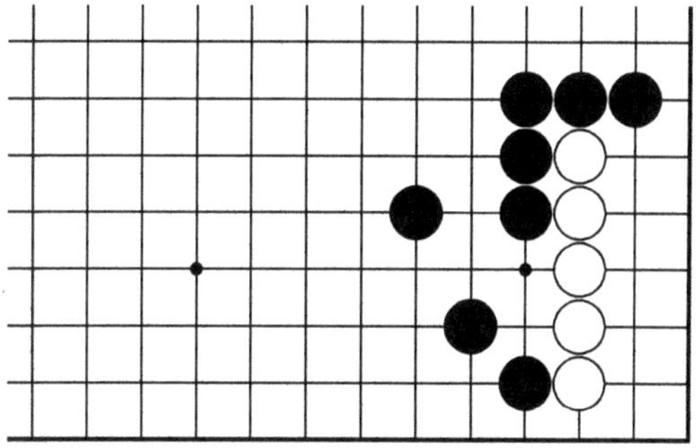

Wenn du die weißen Steine sicher fangen kannst, liegt deine Spielstärke auf jeden Fall im Dan-Bereich. Diese Formation kommt häufig in echten Partien vor, daher wird dir ein gründliches Studium der bekannten Methode, sie zu töten, immer von Nutzen sein.

88

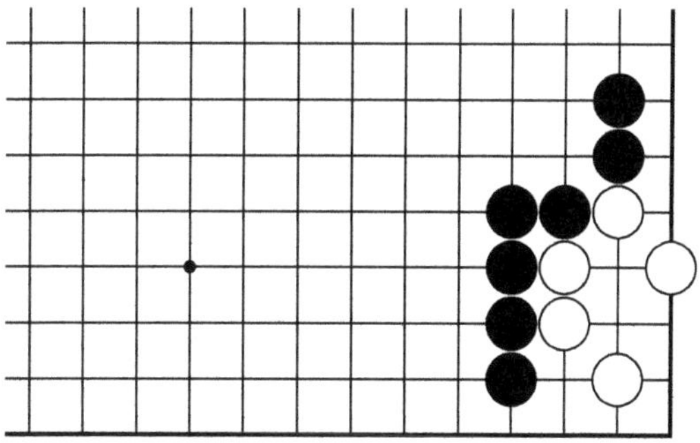

Die Form dieser fünf weißen Steine ist eine durchaus widerspenstige. Aber der Raum ist eng, also schau, ob sich da nicht etwas findet. Um einen Hinweis zu geben: Es versteht es sich von selbst, dass es einen guten Zug am Brettrand gibt. Diese Form kommt auch in Partien vor, es schadet also nicht, wenn man sie sich genau ansieht.

Antwort 87: Ausgefeilte Zugreihenfolge

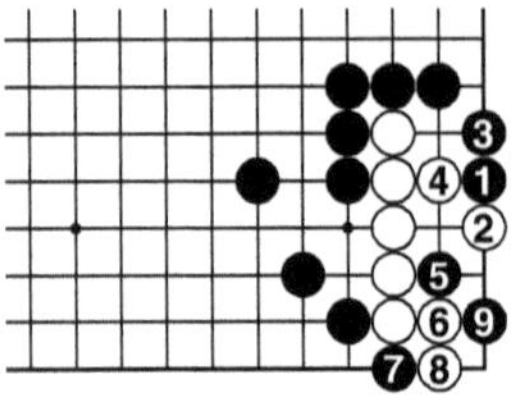

Lösung: In dieser Formation ist der kleine Rösselsprung ein geschickter Zug. Mit Weiß 2 und 4 den Raum zu erweitern leistet den stärksten Widerstand. Nach dem Stich von Schwarz auf 5 und der Antwort von Weiß auf 6 bilden die Züge Schwarz 7 und 9 eine raffinierte Sequenz. Die weißen Steine sind tot.

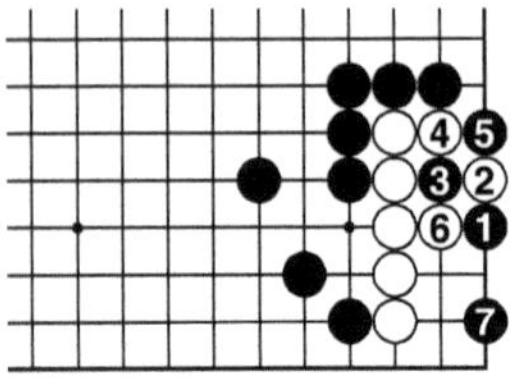

Fehler: Den großen Rösselsprung auf Schwarz 1 beantwortet Weiß mit 2, und nach dessen Folgezügen lässt sich, ganz gleich was kommt, ein Kō nicht verhindern.

Antwort 88: Ruhig und gelassen

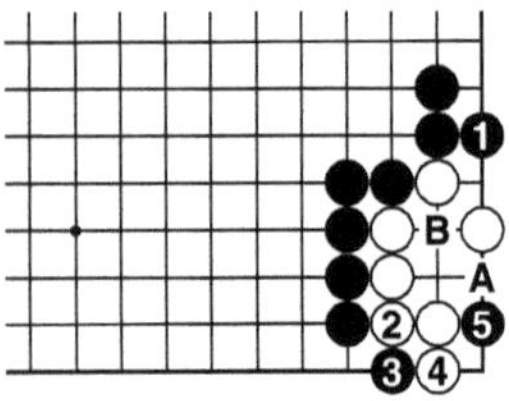

Lösung: Der Abstieg mit Schwarz 1 wirkt behäbig, ist aber ein guter Zug, der den vitalen Punkt der weißen Steine kassiert. Selbst wenn Weiß seinen Raum mit 2 vergrößert, dann besetzt Schwarz nach dem Hane mit 3 den vitalen Punkt mit 5 auf dem 2-1-Punkt. Es gibt nichts, womit Weiß sich helfen kann. Wenn Weiß A, dann Schwarz B.

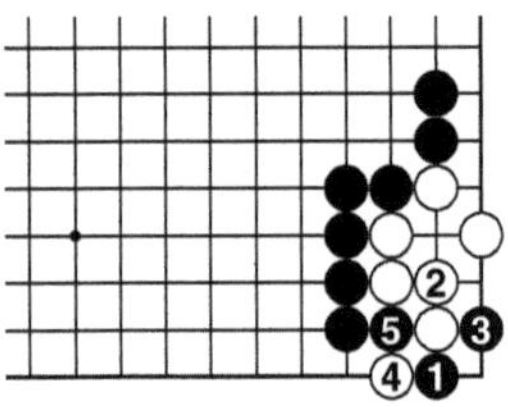

Fehler: Spielt Schwarz den Rösselsprung auf 1, kann Weiß 2 und dann 4 spielen. Ein Kō kann auf keinen Fall vermieden werden.

89

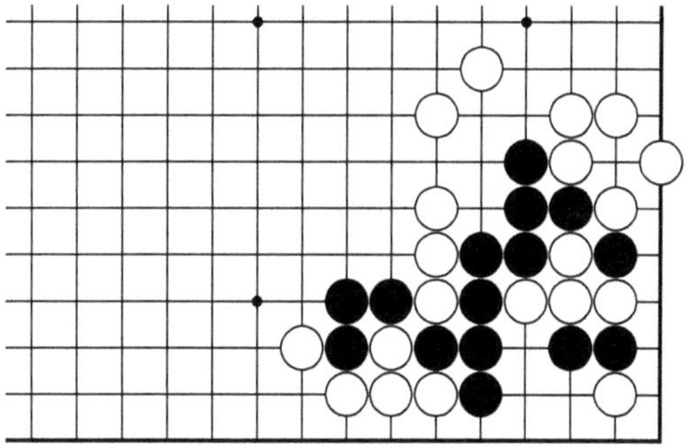

Die Stellung in dieser Aufgabe könnte in einer echten Partie entstehen, so wie in der Zugfolge im Diagramm, das wir nach der Lösung zeigen. In der Stellung in der Aufgabe hat Weiß soeben den Anleger auf dem 2-2-Punkt gespielt, im Versuch, die schwarzen Steine zu fangen. Wie kann Schwarz dagegenhalten?

90

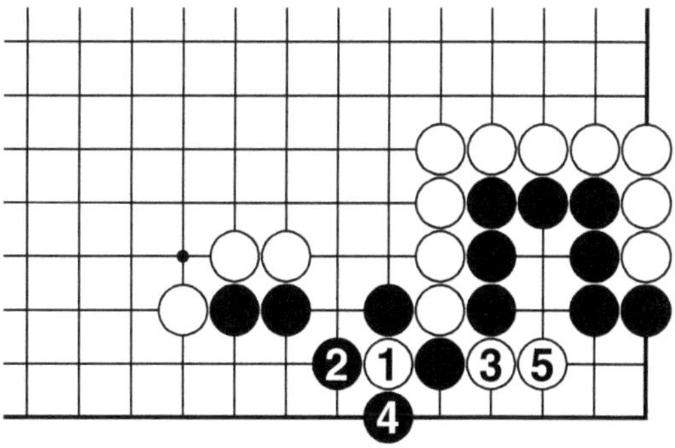

Da wir bei der letzten Aufgabe angelangt sind, stelle ich hier eine mit etwas längerem Atem vor. Weiß hat auf 1 geschnitten, und Schwarz mit 2 und 4 trotzig gefangen. Nun hat soeben Weiß mit 5 gestreckt.

Schwarz ist am Zug. Wie ist nach deinen Berechnungen hier mit den schwarzen Steinen vorzugehen?

Antwort 89: Oshi-Tsubushi

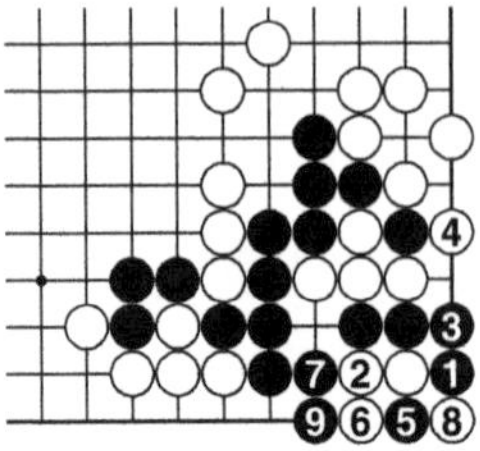

Lösung: Zuerst Schwarz 1 ist normal. Wenn Weiß 2 spielt, ist mit Schwarz 3 zu verbinden ein kluger Zug. Damit gelangt Schwarz in Sicherheit. Mit Weiß 4 zu verhindern, dass vier Steine gefangen werden, ist auch ein natürlicher Zug. Nun erdrückt Schwarz per Oshi-Tsubushi (internem Freiheitenmangel) mit 5 bis 9 die weißen Steine in der Ecke.

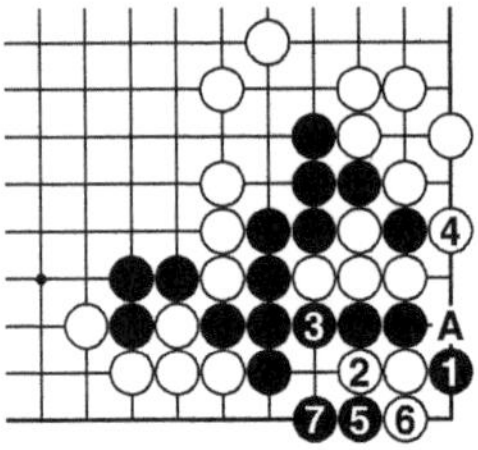

Fehler: Schwarz 1 ist ein guter Zug, aber Schwarz 3 ist ein Fehler. Schwarz 5 und 7 sind ein Verfahren, um ein Seki zu erreichen. Es bleibt jedoch auf A ein Kō, das Weiß anvisieren kann. Da Schwarz im Lösungsdiagramm sicher lebt, ist die dortige Sequenz vorzuziehen.

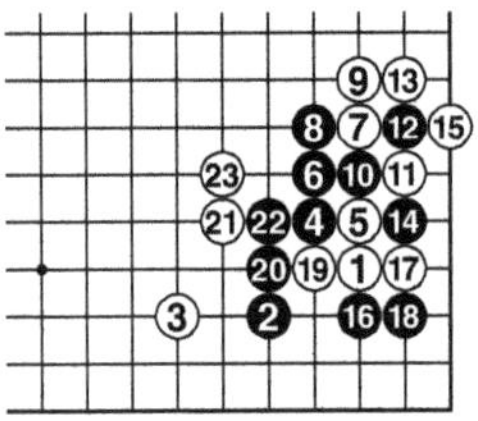

Entstehung des Problems.

Antwort 90: Der wundersame Rand des Bretts

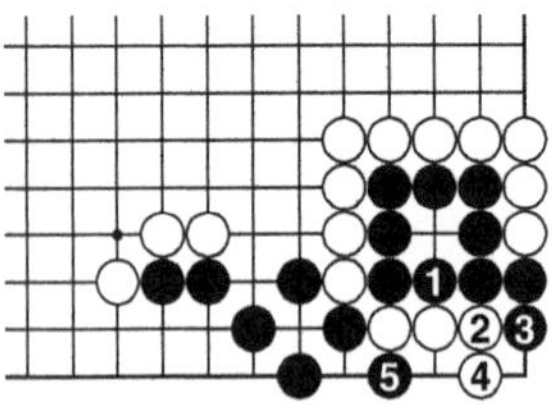

Fehler 1: Aufgrund der Sachlage erscheint es sinnvoll, dass wir die Erläuterung mit Fehlerdiagrammen beginnen. Was könnte falsch daran sein, mit Schwarz 1 zu verbinden? Danach hätten wir einen Fall von einem Auge versus keinem Auge. So denken es sich viele, schätze ich. Die Züge Weiß 2 bis Schwarz 5 führen durchaus zu einer Stellung von einem Auge versus keinem Auge, in der Schwarz gewinnt. Unter diesen fünf Zügen sind jedoch zwei schlechte. Als Erstes ist Schwarz 1 ein schlechter Zug, und dann ist Weiß 2 ein schlechter Zug.

Antwort 90: Fortsetzung

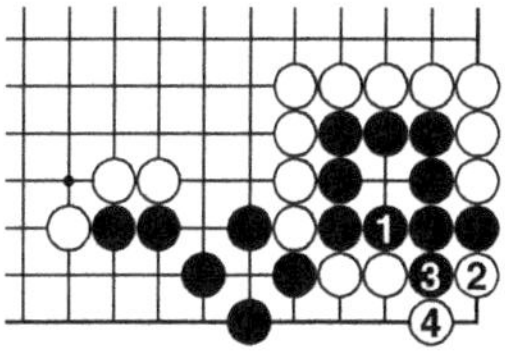

Fehler 2: Wenn Schwarz 1 spielt, dann gibt es den Zug Weiß 2, einen genialen Zug am Brettrand. Mit Weiß 4 entsteht ein Kō um den 2-1-Punkt. Schwarz 1 ist also nicht gut genug. Wir wollen es in dieser Aufgabe so haben, dass die schwarzen Steine bedingungslos leben.

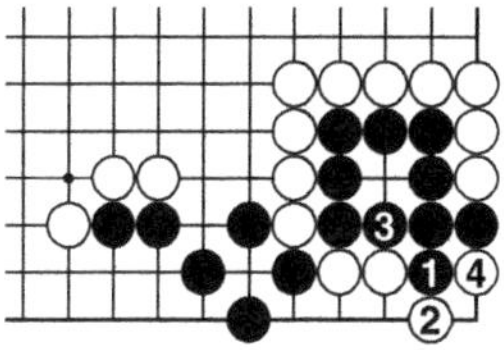

Fehler 3: Schwarz 1 hier ist auch ein schlechter Zug. Wenn nach Weiß 2 Schwarz mit 3 ein Auge macht, führt der Einwurf auf Weiß 4 zur selben Stellung wie im Fehlerdiagramm 2.

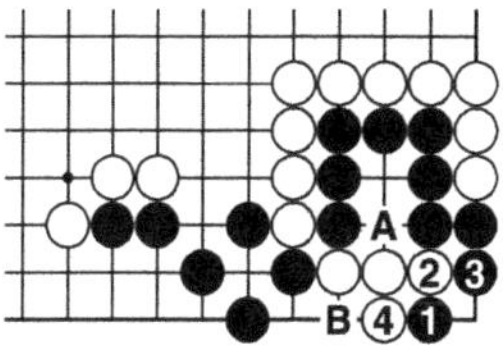

Fehler 4: Wenn Schwarz mit 1 hier ansetzt, wird es erneut mit Weiß 2 und 4 ein Kō. Spielt Weiß in dieser Zugfolge 4 auf A, dann ist Schwarz B ein geschickter Zug, um unten zu verbinden.

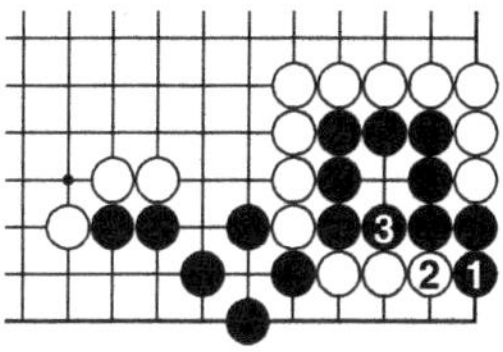

Lösung 1: Ist Schwarz 1 nicht ein genialer Zug? Wenn Schwarz 1 auf dem Punkt von Schwarz 3 spielt, erhält Weiß ja ein Kō, indem er 2 auf dem Punkt von Schwarz 1 spielt. Versuchen wir es also mit Schwarz 1 auf diesem Punkt. Diese Denkweise offenbart uns das Geheimnis der Lösung. Wenn Weiß nun 2 spielt, gelingt es Schwarz mit 3 eine Position mit einem Auge versus keinem Auge zum Vorteil von Schwarz zu erzeugen.

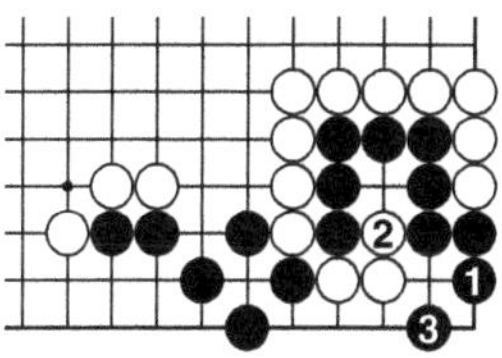

Lösung 2: Nehmen wir an, Weiß versucht aus diesem Grund es damit, 2 dort zu spielen, wo Schwarz spielen möchte. Tut er das, dann ist hier Schwarz 3 ein weiterer genialer Zug. Abgesehen von Schwarz 1 und 3, zwei genialen Zügen am Brettrand in Folge, wird Schwarz keine anderen finden, die seine Steine mit gutem Aji retten.

Ich bin mir sicher, es gibt Leute, die sagen würden, Züge wie 1 und 3 könnten sie nie spielen. Wenn du aber denken kannst: "Wenn ich so spiele, dann tut mein Gegner dies", und dann: "Also versuche ich es damit, dass ich diesen Punkt vor ihm besetze" – wenn du dieser Logik folgst, dann mögen dir auch solche Züge einfallen wie Schwarz 1 und 3.

Zauberei am Brettrand in der Geschichte des Go

Eine Elegie für berühmte Spieler

Partie 1: Honinbō Sanetsu gegen Yasui Sanchi

Man schrieb das zweite Jahr der *Jōō*-Ära, das war 1653 nach westlichem Kalender – vor über 350 Jahren. Das zweite Oberhaupt des Hauses Honinbō, Honinbō Sanetsu, und das zweite Oberhaupt des Hauses Yasui, Yasui Sanchi, trugen einen speziellen Wettkampf über sechs Partien aus. Es handelte sich um einen sehr bedeutenden Wettkampf, denn der Sieger sollte Godokoro werden, der Regierungsbeamte des Shōguns, dessen Aufgabe es war, den Shōgun im Go zu unterweisen und die Go-Welt in Japan zu lenken. Die bisherigen Ergebnisse des Wettkampfs waren so, dass Schwarz jede Partie gewonnen hatte, und Sanchi 3:2 führte.

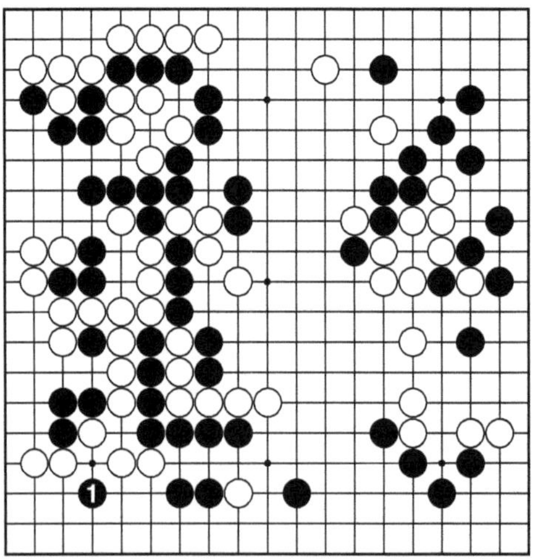

Das Diagramm zeigt eine Stellung aus der sechsten Partie. Sanchi hatte die weißen Steine, sollte er also siegen, würde er Godokoro werden. Zu jener Zeit gab es natürlich keine Komi, und obgleich Sanchi bis dahin geschickt gespielt hatte, waren seine Erfolgsaussichten unklar. Im Diagramm hatte Sanetsu soeben das Nozoki von Schwarz 1 gespielt, und das Geschehen nahm seinen Lauf.

Sanchi machte sich daran, den einzelnen schwarzen Stein zu fangen, und spielte Weiß 2. Würde Weiß mit 2 auf dem Punkt von Schwarz 3 verbinden, ginge er auf Nummer sicher, aber dann würde Schwarz mit einem Zug auf Weiß 2 nach außen anbinden. In jenem Fall stünde die Partie äußerst knapp, auch wenn Weiß womöglich einen leichten Vorsprung hätte.

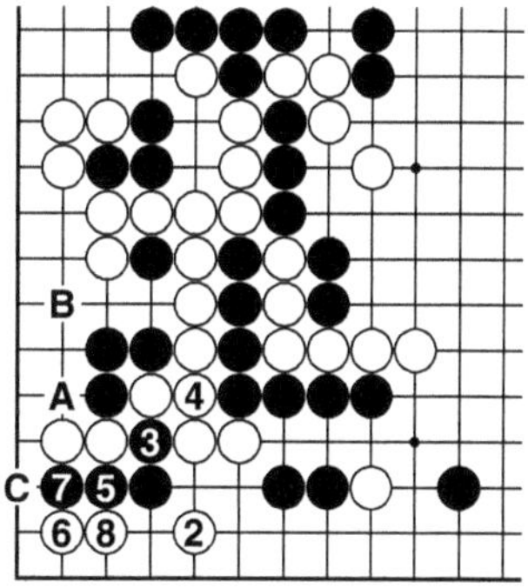

Sanchi riskiert die Partie

Eröffnet sich jedoch eine Möglichkeit dafür, den Sieg klarzumachen, dann ist es nur natürlich, dass man dies versucht, und Sanchi-Sensei mag sich bereits gedacht haben, die Stellung des Godokoro sei nun die seine. Weiß hatte es auf Weiß 6 und 8 abgesehen. Wenn Schwarz A spielt, dann spielt Weiß B. Oder wenn Schwarz B, dann Weiß C. Diese Züge musste Sanetsu-Sensei unter anderem bei seiner Antwort in Betracht ziehen.

Schwarz 9: Dieser Abstieg auf die erste Linie war Sanetsus genialer Zug.

Ich vermute, dass Sanchi diesen Zug nicht gesehen hatte, als er sieben Züge zuvor Weiß 2 im vorigen Partie-Diagramm gespielt hatte. Weiß hatte das Nozoki von Schwarz nicht beantwortet, sondern sich ans Fangen des schwarzen Steins gemacht. Derweil ruht sich nun Schwarz inmitten des weißen Gebiets auf seinen Lorbeeren aus. Die Sache ist ernst.

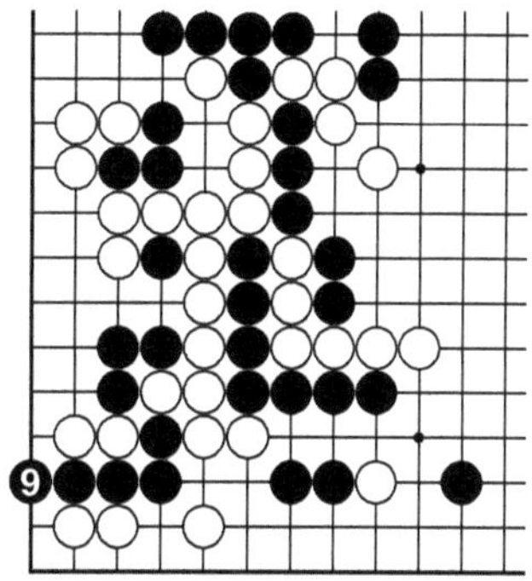

Sanetsus genialer Zug am Brettrand

Die Partie steht damit eindeutig zum Vorteil für Schwarz, aber groß ist der Unterschied nicht. Die schwarzen Steine in der linken unteren Ecke sind nämlich nicht bedingungslos lebendig. Was kann denn hier passieren? Nehmen wir uns einen Moment Zeit und schauen uns die Möglichkeiten in dieser Ecke an.

Würde Weiß 1 hier funktionieren, wäre das großartig für Sanchi-Sensei, aber Schwarz wird natürlich 2 spielen, um seinen Raum zu erweitern. Auch wenn Weiß es danach mit 3 versuchen würde, würden wir, die wir Züge am Brettrand von der Pike auf gelernt haben, Schwarz 4 und 6 spielen und problemlos Leben schaffen. Wenn es so läuft, dann liegt Weiß mit ganzen dreißig Punkten hinten; so würde Sanchi-Sensei also nicht spielen.

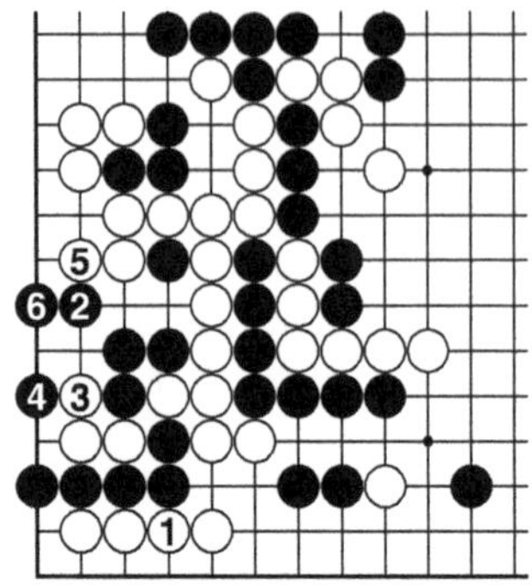

Dieser weiße Zug 1 ist schlecht

Der Diagonalzug auf Weiß 1 von dieser Seite ist der einzige Zug. Daraufhin darf man Schwarz 2, 4 und 6 erwarten, dann legt sich Weiß jedoch ins Zeug mit 7, und ein großer Kō-Kampf beginnt. Ein so großes Kō hängt von der Lage der Kō-Drohungen ab, aber im Allgemeinen ist derjenige Spieler, der zuerst das Kō schlägt, im Vorteil, in diesem Fall also Schwarz.

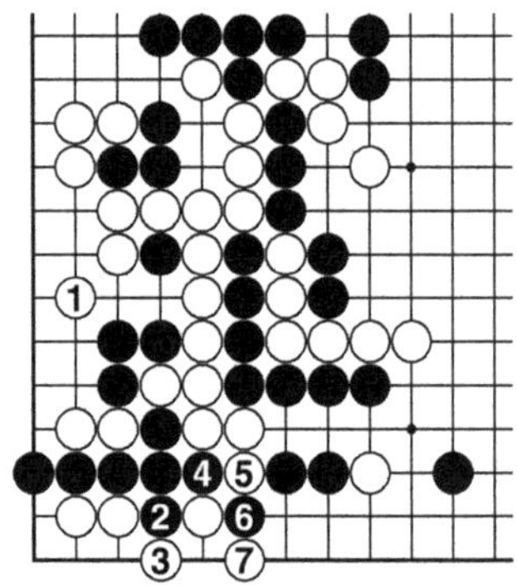

Ein großes Kō

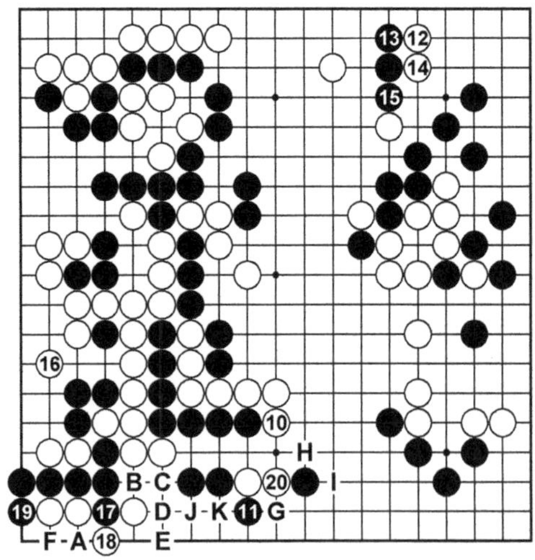

Das Taktieren ums Kō

Mit Blick auf das Kō in der linken unteren Ecke trifft Sanchi-Sensei diverse Vorbereitungen. Weiß 12 und 14 in der rechten oberen Ecke werden vorab gespielt, um Kō-Drohungen zu schaffen. Der vorherige Abtausch von Weiß 10 für Schwarz 11 lässt Böses ahnen. Dann schließlich schreitet Weiß mit 16 entschlossen zur Tat. Nach Schwarz 19 kommt, falls Weiß auf A antwortet, Schwarz mit B, Weiß C, Schwarz D, Weiß E, Schwarz F durch ein Doppel-Kō zum Leben.

Auch Sanchi-Sensei war findig. Weiß 20 ist ein geschickter Zug. Für den Fall, dass Schwarz auf G antwortet, hat Weiß die Zugfolge Weiß H, Schwarz I, Weiß J, Schwarz K, Weiß A im Sinn, und das Blatt würde sich auf einen Schlag wenden.

Mit Schwarz 21 und Weiß 22 begann der erwartete riesige Kō-Kampf. Weiß hat um Weiß 26 Kō-Material, aber Schwarz hat Zeit, um auf 29 zu verbinden und seinen Lebensfaden zu verlängern, und mit 33 beendet Schwarz den Kō-Kampf. Der Ausgleich, den Weiß mit 32 und 34 für den Verlust des Kō erhält, ist groß, aber der Profit von Schwarz in der linken unteren Ecke ist noch größer. Damit war der Ausgang der Partie gänzlich besiegelt. Spielt man die Partie zu Ende, gewinnt Schwarz mit sechs Punkten, wir lassen die restlichen Züge jedoch aus.

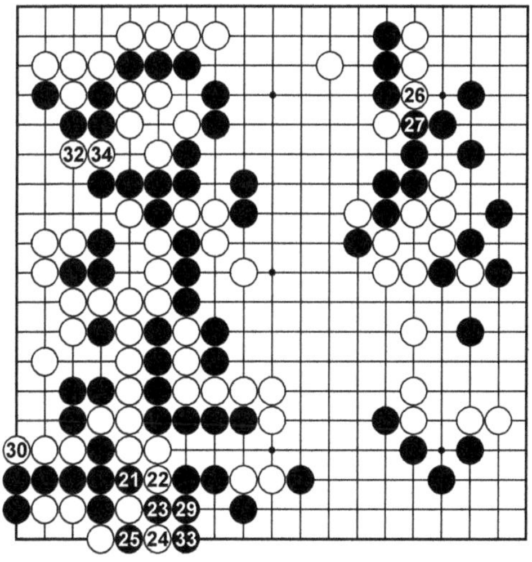

Der Godokoro bleibt unbesetzt *Kō: 28, 31*

Der Wettkampf um sechs Partien endete also mit drei zu drei unentschieden, und die Besetzung des Amtes des Godokoro wurde offengelassen. Ich nehme an, wir können behaupten, dass der geniale Zug von Sanetsu-Sensei am Brettrand dafür verantwortlich war.

Partie 2: Inoue Gennan gegen Katsuta Eisuke

Diese Partie wurde über die Dauer von drei Tagen in einem Shintō-Schrein in Nagasaki gespielt, im Herbst des fünften Jahres der Kaei-Ära (1852, nach westlicher Zeitrechnung), rund zweihundert Jahre nach der vorherigen Partie. Den Ehrenplatz hatte das Oberhaupt des Go-Hauses Inoue inne, Inoue Inseki 8 Dan. Alle Oberhäupter des Hauses Inoue nahmen bei ihrem Amtsantritt den Namen Inseki an. Bei diesem Inseki handelte es sich um den berühmten Spieler mit dem Namen Gennan Inseki. Auf dem niedrigeren Sitzplatz saß, mit geschorenem Haupt, Katsuta Eisuke 4 Dan, ein direkter Gefolgsmann des Shōgun und folglich ein "Amateur" im Go-Spiel. Was auch immer sie nach Nagasaki geführt haben mochte, sie spielten nur diese eine Partie.

In dieser Stellung hat Gennan soeben mit Weiß 1 geantwortet. Katsuta 4 Dan spielte nun einen Zug, der in der Geschichte des Go Berühmtheit erlangt hat. Es handelt sich natürlich um einen genialen Zug am Brettrand.

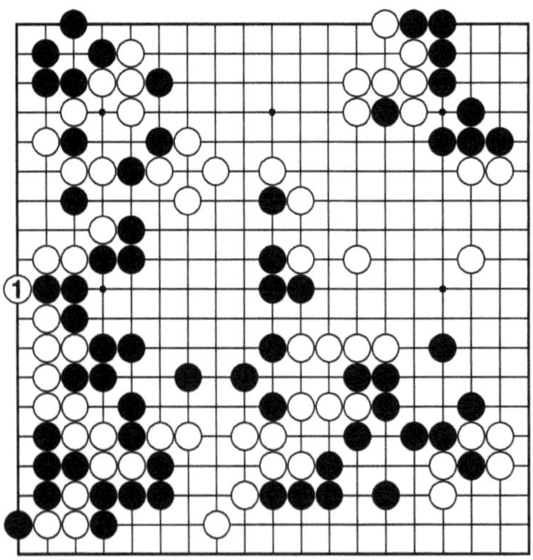

Inoue Gennan gegen Katsuta Eisuke

Katsuta-san war eine Person von beträchtlichem Ansehen. Zu jener Zeit war der große Meijin Honinbō Jōwa im Begriff, sich zur Ruhe zu setzen. Gennan Inseki war ein großer Spieler vom Rang eines Jōwa, aber dieser "Amateur", Katsuta 4 Dan, war auf einen Sieg aus. Gennan-sensei war damals in einer schwierigen finanziellen Lage, darum konnte er, wenn ein Honorar in Aussicht stand, eine Partie nicht ablehnen.

Seine Eminenz Katsuta hatte einen Auftritt, wie man ihn nur einmal erlebt. Wie mit dem wuchtigen Schwung eines Schwerts über seinem Haupt landete er den fantastischen Zug Schwarz 2. Der große Sensei Gennan beeilte sich, eines Bauchgrimmens wegen die Partie zu vertagen.

Selbst Spielern wie Jōwa-sensei oder Gennan-sensei, der sich darum bemühte, Meijin zu werden, unterlaufen bemerkenswerte Flüchtigkeitsfehler. Katsuta-san war stolz. Er fühlte sich vermutlich gerade so, als hätte er gewonnen. Es fielen leichtfertige Kommentare, Gennan-sensei werde die Partie nicht fortsetzen. Und später, als er die Partie studierte, machte auch Gennan-sensei eine leichtfertige Bemerkung. Angeblich sagte er: "Die Partie müsste auf ein Jigo hinauslaufen, aber dafür reichen die Fähigkeiten von Eisuke-kun nicht hin."

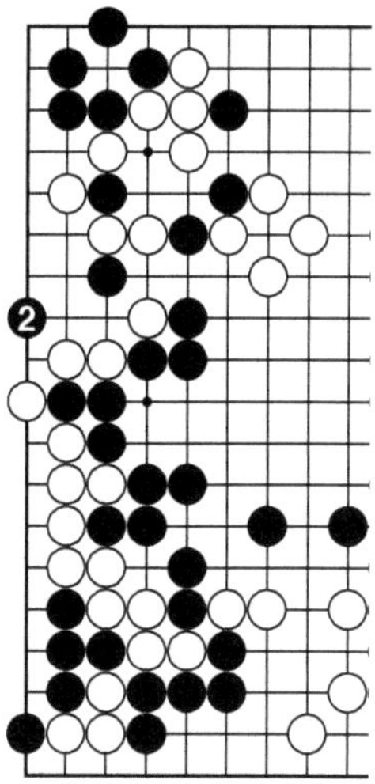

Plötzliches Bauchgrimmen

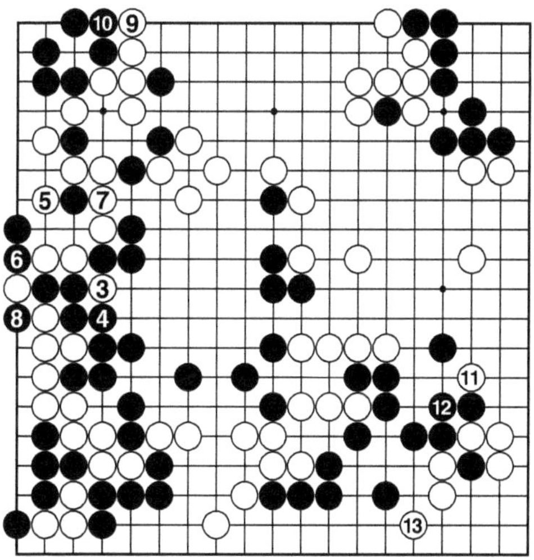

Eine knappe Partie für Eisuke-san

Vier Tage später wurde die Partie mit der Fortsetzung in diesem Diagramm wiederaufgenommen. Eisuke-san fing elf weiße Steine, nach Weiß 13 jedoch ist die Partie knapp. Schließlich gewann Weiß mit einem Punkt.

Auch wenn Schwarz nicht stark genug war und er um einen Punkt verlor, in der Geschichte des Go wird der geniale Zug am Brettrand, Schwarz 11 im Diagramm unten, ewig glänzen. Es mag Hunderte oder gar Tausende auf dem Niveau von Katsuta-san als Go-Spieler geben, aber nur wenige, die einen Zug gespielt haben, der in die Go-Geschichte eingegangen ist. Gennan-sensei mag der Ansicht gewesen sein, dass die Partie unentschieden hätte ausgehen müssen, aber mit nur einem Punkt zu verlieren ist beachtlich. Eisuke-san macht nicht den Eindruck eines schwachen Spielers.

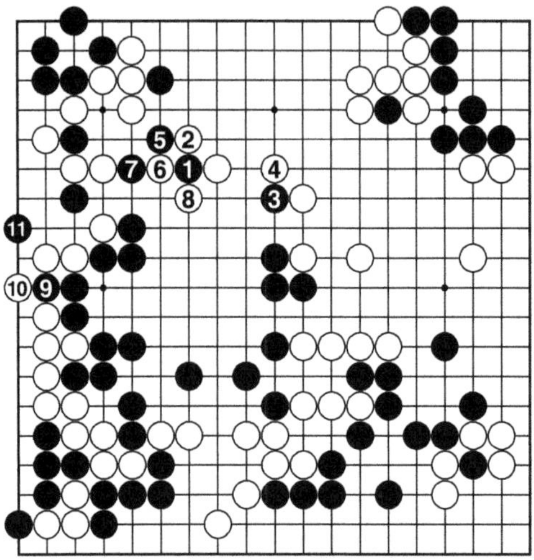

Schwarz 7 ist notwendig.

Hierzu hat Kajiwara Takeo-sensei etwas anzumerken: “Mal gewinnt man, mal verliert man – das ist nicht weiter wichtig. Wichtig ist, ob es einem gelungen ist, gute Züge zu spielen oder nicht.” Schwarz konnte trotz eines Fangs von elf weißen Steinen die Partie dennoch nicht gewinnen. Dafür, dass Schwarz 11 funktioniert, war nämlich der Stein auf Schwarz 7 notwendig. Dieser erlaubt es Weiß, mit 6 und 8 ein Ponnuki zu bilden, und damit ist die Position von Schwarz nicht viel besser.

Um elf Steine zu fangen, ließ Eisuke-san Weiß im Zentrum ein Ponnuki bilden und erlitt dabei einen nicht geringen Verlust. Darum denke ich ist es sinnvoll, zu untersuchen, was geschehen wäre, wenn er dies nicht getan hätte.

In diesem Diagramm versucht Schwarz unmittelbar mit 1 und 3 zu fangen, Weiß steht jedoch die Gegenmaßnahme der Verbindung auf 6 zur Verfügung. Nun kann nach dem Schnitt von Weiß auf 8 Schwarz lokal keinen Erfolg haben. Daher entschied sich Eisuke-san dafür, einen Stein auf den Punkt A zu bringen, bevor er fortfuhr, damit Weiß nicht 8 in diesem Diagramm spielen kann.

Aber kann Schwarz nach 11 wie in der Fortsetzung im unteren Diagramm nicht 13 und 15 spielen? Weiß 16 ist nun notwendig, und nach Schwarz 27 kann Schwarz in die obere Seite einbrechen. Im Vergleich zur gespielten Partie stellt dies nur einen geringen Verlust für Schwarz dar, Schwarz erhält aber Vorhand zu einem Zeitpunkt, an dem sie sehr wertvoll ist. Je nach den Umständen denke ich, Katsuta 4 Dan hätte die Partie gewinnen können, mit einem Punkt vielleicht.

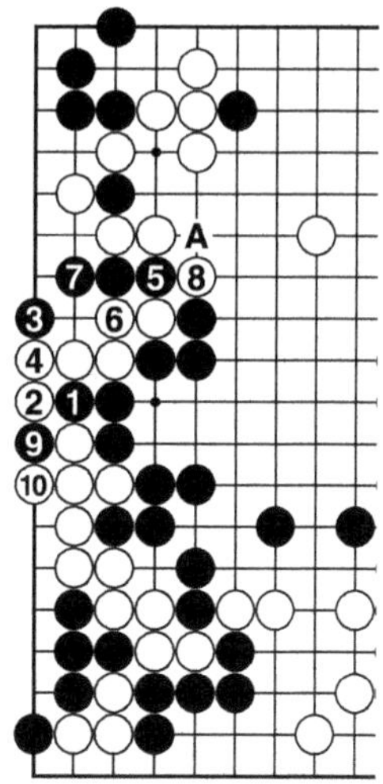

Katsuta-sans Gründe

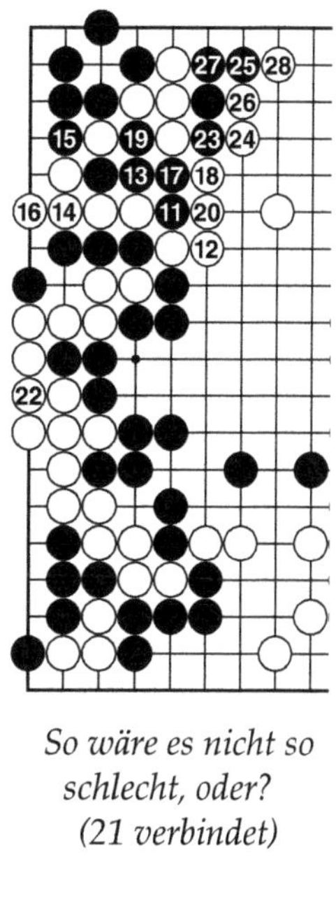

So wäre es nicht so schlecht, oder? (21 verbindet)

Partie 3: Honinbō-Erbe Shūsaku gegen Sekiyama Sendayū

Im Jahr 1851, wenige Monate vor der vorigen Partie, fand in Matsuyo, in der heutigen Präfektur Nagano, diese Partie zwischen zwei berühmten Spielern statt. Als der stärkere Spieler saß der zweiundzwanzigjährige Shūsaku, Erbe des Vorsitzes über das Haus Honinbō, mit dem Rücken zum Tokonoma. Sein Gegner mit den schwarzen Steinen war der berühmte Amateurspieler Sekiyama Sendayū, ein Samurai im Alter von siebenundsechzig Jahren, der im Hause Honinbō als 5 Dan spielte.

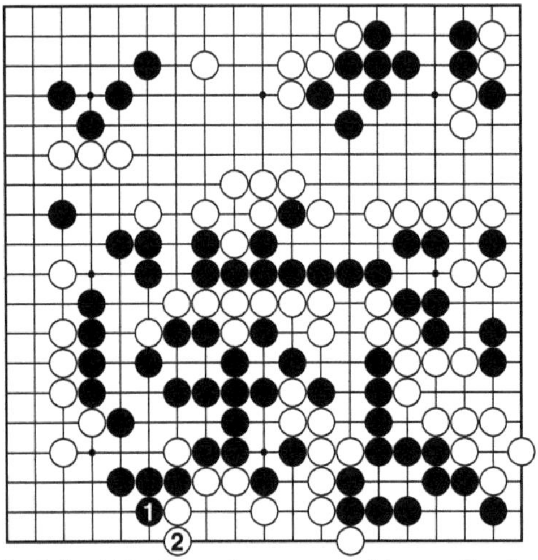

Honinbō-Erbe Shūsaku gegen Sekiyama Sendayū

Diese Partie war die siebte in einem Wettkampf um zwanzig Partien. Sendayū hatte soeben Schwarz 1 gespielt, und Shūsaku war als Antwort mit Weiß 2 abgestiegen. Dieser weiße Zug 2 ist bedeutsam. Höchstwahrscheinlich hatte Shūsaku-sensei ihn flüchtig gespielt. Sein Gegner Sendayū glaubte Shūsaku-sensei offenbar diesen Zug und verpasste so eine Gelegenheit, ihn auszunutzen.

Das zweite Diagramm zeigt die Position rund vierzig Züge nach dem vorherigen Partiediagramm. An dieser Stelle spielte Sendayū den Keil auf Schwarz 1. Das ist ein Tesuji, und mit den Zügen bis Schwarz 7 fängt Schwarz zwei weiße Steine. Das ist eine recht beachtliche Endspielzugfolge, und Schwarz gewann die Partie mit drei Punkten.

In Sendayūs Aufzeichnungen findet sich allerdings als Kommentar zu dieser Stellung: "Aufgrund der Flüchtigkeitsfehler der beiden Spieler handelt es sich hier um eine blamable Situation." Was hatten die beiden Spieler denn hier nur übersehen?

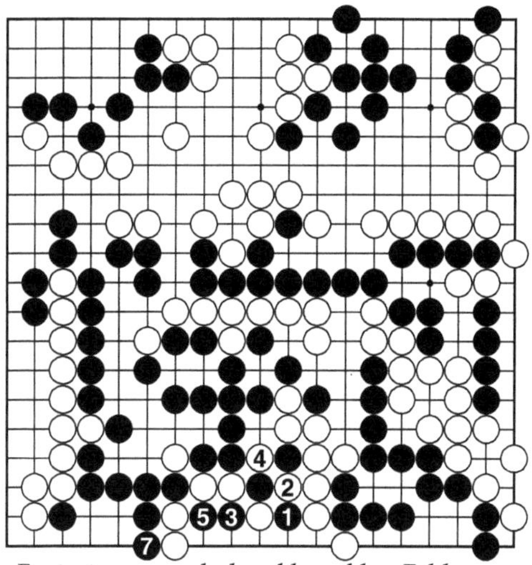

Fortsetzung nach dem blamablen Fehlerpaar (6 verbindet)

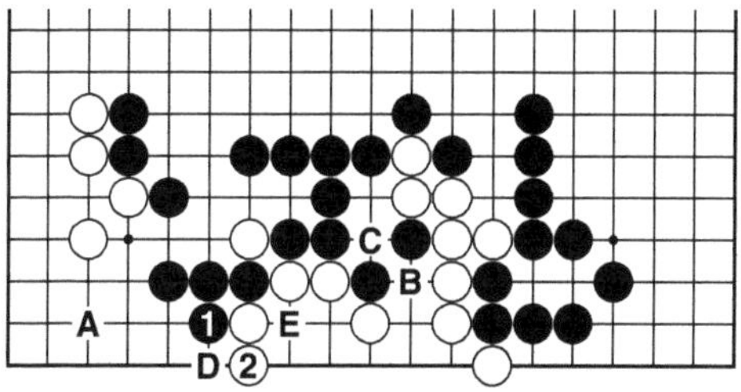

Weiß 2 war ein ganz schlechter Zug.

Um der Geschichte leichter folgen zu können, stellen wir im unteren Diagramm nur einen Teil der Brettsituation dar. Das Blocken mit Schwarz 1 können wir gutheißen als Vorbereitung für einen Vorstoß auf Schwarz A, aber Weiß 2 ist nun ein sorgloser Zug. Ein Spieler von Shūsakus Fähigkeiten erkennt selbstverständlich sofort, was passiert ist, aber es bestand natürlich keine Möglichkeit, den Zug zurückzunehmen. Wahrscheinlich blieb ihm nichts weiter übrig als gequält in sich hineinzulächeln. Nach diesem weißen Zug 2 scheint in dieser Stellung das Thema von Aufgabe 57 in diesem Buch anzuklingen. Ein Profi hat es in Fleisch und Blut, im Endspiel auch nur den kleinsten Verlust zu vermeiden. Hier hätte Weiß später, nach Weiß B, Schwarz C und danach noch Schwarz D, Weiß E sechs Punkte Gebiet. Aber …

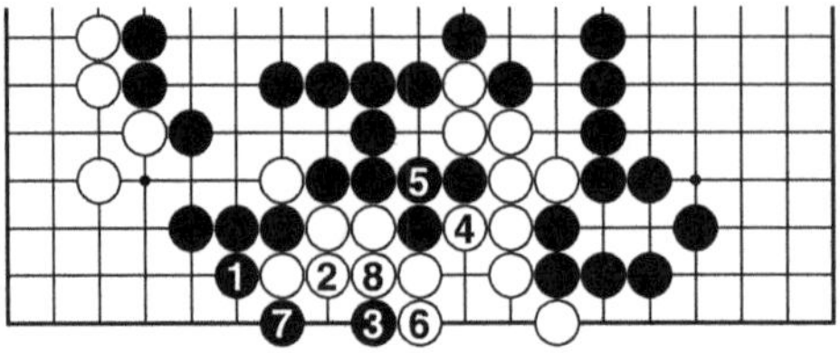

Vier Punkte weißes Gebiet

Wenn Weiß mit diesem Zug Weiß 2 verbindet, dann hat das weiße Gebiet nach Schwarz 3 bis 7 nur vier Punkte, also zwei Punkte weniger als im vorherigen Diagramm.

Sekiyama Sendayū beschrieb die Situation als eine blamable, und um zu sehen, was er damit gemeint haben könnte, zog ich eine alte Spielaufzeichnung heran, um die Partie nachzuspielen. Nun bestanden Spielaufzeichnungen früher lediglich aus chinesischen Ziffern ohne Kommentar, aber schließlich fand ich heraus, was Sendayū meinte.

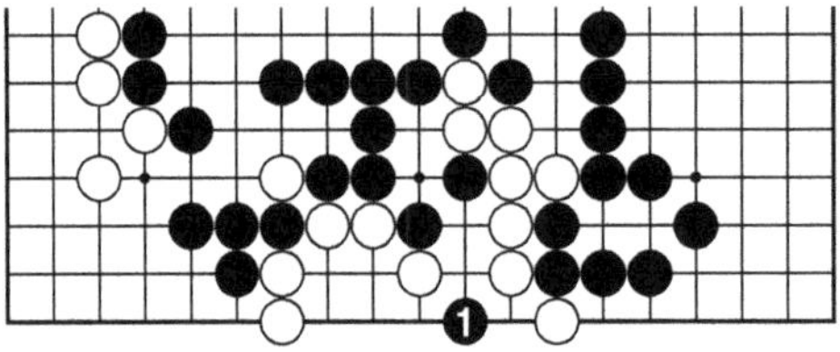

Ein Schuss und aus

Nach dem Oki von Schwarz 1 hat Shūsaku, der Go-Heilige, der Spieler mit den weißen Steinen, keine andere Wahl als aufzugeben. Warum?

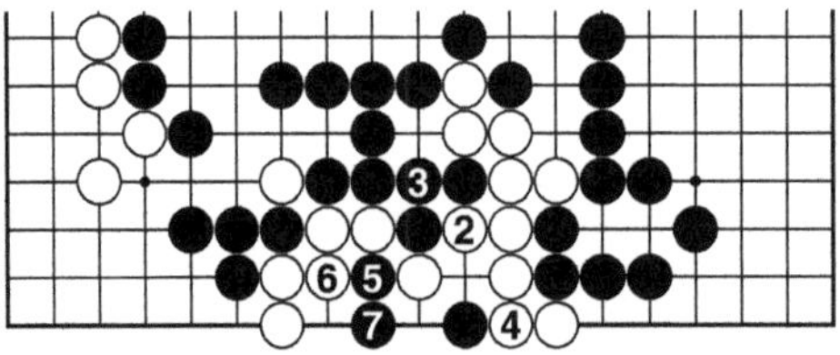

Mangel an Freiheiten

Weiß möchte mit den Zügen Weiß 2 und 4 leben, aber nach Schwarz 5 und 7 kann Weiß weder von der linken noch der rechten Seite Atari spielen. In der Partie übersah Sekiyama-san einen großartigen Zug am Brettrand. Ich schätze, Shūsaku-sensei muss eine Zeitlang Blut und Wasser geschwitzt haben – sogar der Go-Heilige Shūsaku macht Fehler.

Partie 4: Gott oder Mensch? Honinbō Dōsaku

Auch bei berühmten Spielern kommt es vor, zwei oder drei Mal im Leben, dass sie absurde Züge spielen. Spielern wie Shūsaku oder Gennan unterliefen Schnitzer, und Spieler wie ich fühlen sich damit ein bisschen besser. Hier aber haben wir Honinbō Dōsaku Meijin vor uns, der vor über 300 Jahren lebte und sein Leben lang keine solchen vorschnellen Züge spielte, und der nie eine Partie verlor, wenn er Schwarz hatte. Falls es übertrieben ist, ihn als einen Gott des Go zu bezeichnen, sollte man dann nicht wenigstens sagen, er war nahe daran, einer zu sein?

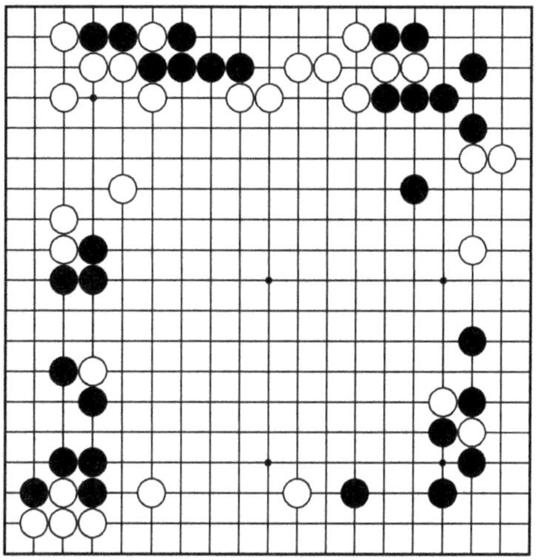

Gott oder Mensch? Honinbō Dōsaku

Diese Partie fand zwischen Meister Dōsaku und dem Spitzenspieler Yasui Chitetsu statt, dem dritten Oberhaupt des Go-Hauses Yasui, der zwei Steine Vorgabe bekam. Weiß ist am Zug. Was denkst du, wo dieser Zug sein wird?

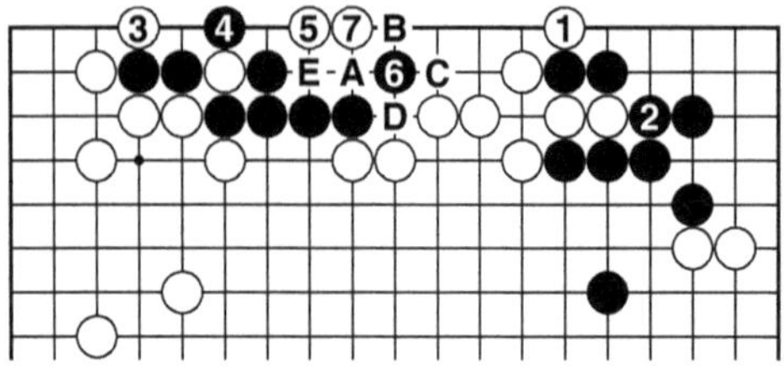

Vier Züge in Folge am Rand des Bretts

Das Hane mit Weiß 1 und die Folgezüge Weiß 3, 5 und 7 stellen einen heftigen Angriff auf der ersten Linie dar. Legt Schwarz mit 6 am Punkt von Weiß 7 an, dann führen Weiß A, Schwarz 6, Weiß B, Schwarz C, Weiß D, Schwarz E zum Kō, aber ein Kō wäre für Chitetsu-sensei schmerzhaft, also spielte er trotzig Schwarz 6. Nach Weiß 7 sind die schwarzen Steine jedoch bedingungslos tot. Aus diesem Grund war das Hane mit Weiß 1 außerordentlich effektiv. Machen wir uns in den drei folgenden Diagrammen ein Bild der Lage.

Spieler, die in jüngerer Zeit die Stellung untersuchten, erachteten Schwarz 6 als ein wenig unvernünftig und befanden, der Anleger auf dem Punkt von Weiß 7, der zu einem Kō führt, sei besser. Jedenfalls würden die schwarzen Steine nicht einfach sterben.

Gründliche Vorbereitung

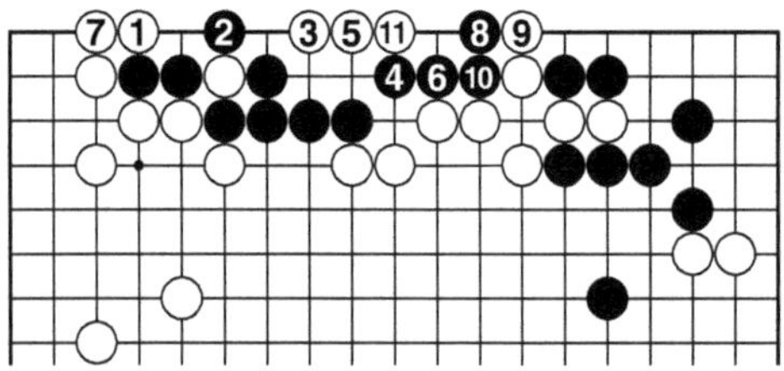

Wenn Weiß nicht Hane spielt …

Verzichtet Weiß auf das Hane und spielt unmittelbar Weiß 1, ist sein Angriff überstürzt und unvorbereitet. Wenn Weiß mit 5 auf der ersten Linie streckt, kann Schwarz mit 6 strecken. Weiß 7 entfernt links ein Auge, aber der Diagonalzug von Schwarz auf 8 ist geschickt, und nachdem Schwarz seinen Raum mit 10 erweitert hat, kann Weiß die schwarze Gruppe nicht fangen. Selbst der Vorstoß von Weiß mit 11 führt in Nachhand zu einem Seki, und es lässt sich schwerlich erkennen, was Weiß hier erreicht hat.

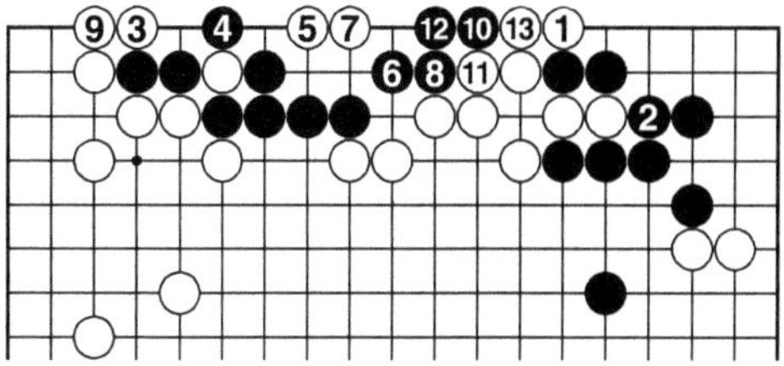

Die ganze Vorbereitung war notwendig

Zuerst Weiß 1 zu spielen, dann Weiß 3, 5 und 7, war Dōsakus Zugreihenfolge. Wenn nun Schwarz den Diagonalzug auf 10 spielt, kann Weiß 11 spielen und die schwarze Gruppe hat lokal nur ein Auge. Die Entscheidung, kein Kō zu spielen, war vermutlich ein Versehen Chitetsus, nichtsdestotrotz aber bildeten die vier Züge in Folge am Brettrand einen großartigen Angriff.

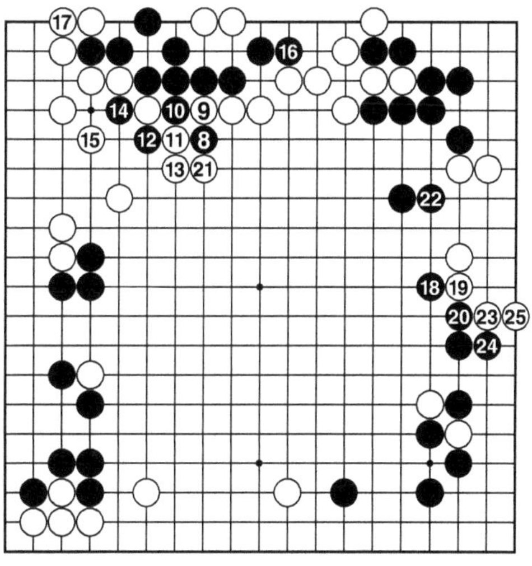

Dōsaku, ein mutmaßlicher Gott des Go

Ehe man sich versah lag in der laufenden Partie die schwarze Gruppe im Sterben. Schwarz ist nun zum Äußersten entschlossen. Er versuchte, mit 8 hinauszuspringen, aber nach Weiß 9 und 11 und dem schwarzen Doppelatari mit 12 rettete Weiß den entscheidenden Stein mit 13. Als Schwarz mit 14 einen Stein schlug, spielte Weiß 15. Es ist wunderbar: Alle bis dahin gespielten weißen Steine stehen an guter Stelle.

Schwarz kann nichts tun, um den Steinen an der oberen Seite unmittelbar zu helfen. Schwarz bleibt gelassen und geht mit 18 und 20 daran, das Aji an der oberen Seite zu nutzen. Weiß 21 macht ihm jedoch mit gutem Aji einen

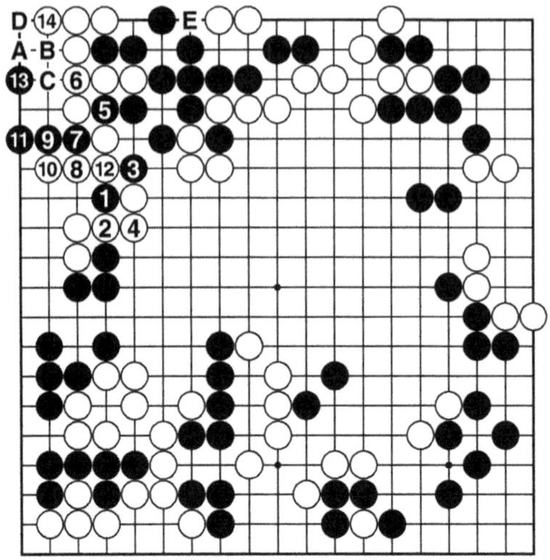

Ein denkwürdiger Knockout

Strich durch die Rechnung. Der Go-Heilige Honinbō Dōsaku war ein furchteinflößender Spieler.

Das letzte Diagramm zeigt, weshalb Chitetsu schließich aufgeben musste. Ein paar Dutzend Züge nach dem vorigen Partiediagramm spielte Chitetsu die Zugfolge beginnend mit Schwarz 1 – sein finaler Versuch, die Lage zu wenden. Dōsaku versetzte in den Zügen bis Weiß 14 mit einem hervorragenden Zug am Brettrand den Knockout. Wäre Weiß 14 der Anleger auf A und folgten dann die Züge Schwarz B, Weiß C, Schwarz D und Weiß 14, dann könnte Schwarz einen Überraschungserfolg verbuchen und mit Schwarz E zum Leben kommen. Weiß 14 erzeugt ein lokales Seki, und das genügt Weiß. Da die schwarze Gruppe oben tot ist, bricht das Seki schlussendlich zusammen.

Einige unter meiner Leserschaft mögen vielleicht denken, den Zug auf Weiß 14 hätten sie schon einmal gesehen. Er ähnelt in der Tat der korrekten Antwort in Aufgabe 90.

Nachwort

Für dein Interesse und deine Aufmerksamkeit bis hin zur letzten Seite dieses Buchs bin ich sehr dankbar. Die Methode, um im Go am schnellsten Fortschritte zu machen, ist die Fähigkeit des Durchrechnens zu stärken. In diesem Buch habe ich einige berühmte Tesuji zusammengestellt, die schon seit langem bekannt sind, und mich dabei auf den Rand des Bretts beschränkt. Geniale oder geschickte Züge und dergleichen findet man sehr häufig am Brettrand.

Vom Autor ebenfalls im Brett und Stein Verlag erschienen:

Die Schatztruhe.
Nakayamas Go-Geschichten und Rätsel

[...] „Kano, du kannst da nicht spielen!" Goros Warnung drang nicht zu ihm durch.

„Ich spiele da trotzdem!" Der Frust und die Verzweiflung, die in Kanos Stimme mitschwangen, ließen Goro endgültig die Kontrolle verlieren. Er lachte und lachte. Man kann sich vorstellen, wie verärgert Kano am anderen Ende der Leitung sein musste, aber Goros Lachen hörte nicht auf.

„Das ist kein Witz." versuchte Kano endlich den Faden wieder aufzunehmen. „Was passiert, wenn ich Atari gebe?" [...]

Die Schatztruhe ist die deutschsprachige Ausgabe des beliebten Buches von Nakayama Noriyuki aus den 1980er Jahren. Es enthält sieben unterhaltsame Essays, drei Partiekommentare und 20 ausgewählte Go-Probleme.

In den Essays plaudert Nakayama aus dem Nähkästchen. Er erzählt amüsante Anekdoten aus der japanischen Profi-Go-Szene. In den Partiekommentaren erläutert er nicht nur das Spiel, sondern berichtet auch detailliert über die Spieler. Die meisten der Probleme sind Treppenprobleme, die Nakayama selbst komponiert hat.

TSUMEGO IN BILDERN

DER ELEFANT IM REISFELD

von Izumi Hase

Wie fängt man einen Elefanten? Kann ein Fragezeichen leben? Was hat Go mit Musik zu tun? Und haben Sie schon einmal in einem Reisfeld Go gespielt?

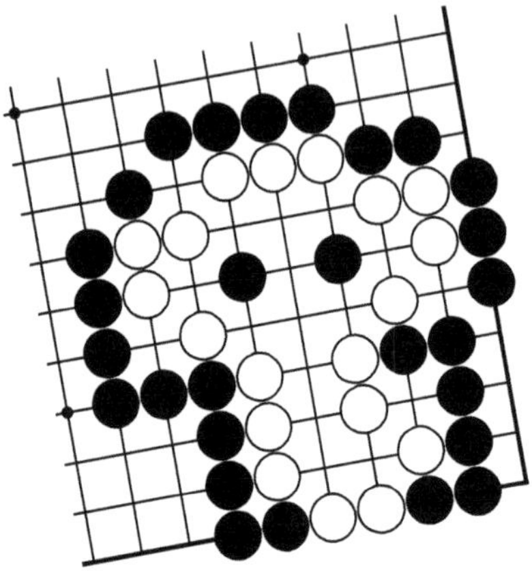

Der Elefant

Hier haben wir einen Elefanten. Der Augenraum ist riesig, aber Schwarz kann auf schöne Weise mit einer Kombination töten, die man nicht alle Tage sieht.

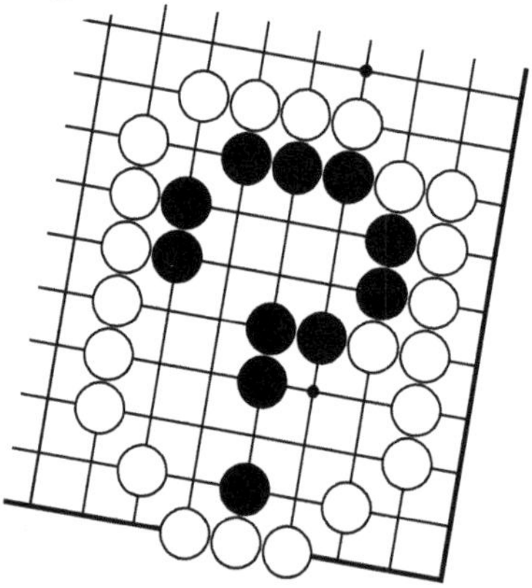

Das Fragezeichen

Dies ist eins der liebsten Probleme des Autors. Der erste Zug entscheidet.

Schwarz am Zug lebt!

ISBN 978 3940 563 217

In diesem Buch erleben Sie Go-Probleme von einer ganz neuen Seite. Hinter den kreativen und amüsanten Bildern aus weißen und schwarzen Go-Steinen verbergen sich wunderbare Übungsaufgaben, deren Schwierigkeitsgrad von sehr leicht bis äußerst schwierig reicht - für Einsteiger und Dan-Spieler, für Kinder und Erwachsene.

Das Buch richtet sich an Freunde des Go, denen trockene Übungen und endlose Zugfolgen zu langweilig sind. Lassen Sie sich inspirieren und anregen, sich mit Tsumego zu beschäftigen.